学級経営サポートBOOKS

この1冊で指導法と予防法が分かる！
担任になったら必ず身につけたい！

小学校高学年
困った場面の
指導法

広山 隆行 著
Hiroyama Takayuki

行事,生活態度の
指導例が満載

明治図書

はじめに

　「高学年担任は忙しい」「高学年の担任になると大変だ」よくこんな声を聞きます。事実，高学年担任は子どもを通して学校全体を動かす仕事を任されます。また，高学年特有の問題行動も出てきます。発達段階から生じる男子・女子それぞれ特有の問題もあります。様々な局面で，個と集団，心と行為・行動，男子・女子といった複合的な指導が求められます。しかも瞬時に。そのため「高学年の指導は難しい」と考えられがちです。

　しかし高学年担任こそ，実はとてもダイナミックな授業や学級づくりができるのです。子どもたちは先生と同じ言葉で話が通じ，友だちや学級，学校を見渡す視野も広くなります。子どもたちだけで主体的に提案し，能動的に行動できるようになります。学級全員が１つの目標に向かって取り組むエネルギーはとても素晴らしい姿です。そして高学年が変われば，学校全体が変わるのです。学校の雰囲気を変えることができる高学年担任は，一番やりがいのある仕事だと言ってもよいでしょう。

　本書は，高学年の指導に悩む先生のために書きました。Part１では，高学年の担任として臨むべき心構えを書きました。Part２からは，61の事例を通して高学年特有の具体的な場面と対応についてズバリ３つに絞って書きました。先生が困っている状況に応じて読んでいただき，すぐに対応できるようにしてあります。また，本来なら問題行動は起こらない方がいいのです。ですから問題行動が起こる前の予防として，あらかじめ指導しておくべきことについて書いています。

　また，61の事例については高学年を対象にした指導場面を中心に書きました。ただし，内容によっては低学年や中学年であっても通用する指導となっています。高学年の担任になったら「高学年だからもうこんなことはできているはず」と思って指導しがちです。でも実のところ，低学年や中学年で身

につけておかなくてはいけない学習の構えや生活面での行為・行動について不十分であることも多いのです。中学年までになかなか身につかない場面については，高学年の早い段階に指導しておく必要があると考え，本書の中で取り上げてあります。

　本書の事例は，実際にこれまで悩み，考え，指導してきた内容です（一般化できるように事実とは表現を変えています）。私も若い頃は高学年の担任として子どもとの関係に悩む一教師でした。その頃の思い出を掘り起こすのは私にとってつらいことでもあり，今ならこう指導するはずと後悔の作業でもありました。本書が少しでも高学年の指導に励む先生の手助けになればと願っています。

　最後になりましたが，本書を書く機会をいただいた明治図書の坂元菜生子様，木山麻衣子様には感謝申し上げます。ありがとうございました。

　2016年11月

広山隆行

もくじ

はじめに　　2

Part 1　担任になったら押さえたい高学年指導の基礎・基本

1　高学年の子どもとのコミュニケーションの基本	8
2　高学年の子どもへのほめ方の基本	10
3　高学年の子どもへの叱り方の基本	12
4　高学年の心をつかむ注目すべき指導場面	
①　学級活動での指導場面	14
②　児童会活動・学校行事での指導場面	16
③　生活態度の指導場面	18
④　授業態度の指導場面	20
⑤　教師との人間関係に関する指導場面	22
⑥　異性意識に関する指導場面	24
⑦　高学年女子の指導場面	26

Part 2　学級活動での指導場面
　　　　　―困った時の解決策と予防のポイント

1　学級会の話し合いが盛り上がらない	28
2　話し合いで意見が譲れない	30
3　学級の当番活動をやらない	32
4　係活動が活発にならない	34
5　席替えを好きな人同士で座りたいと言う	36
6　朝の会や帰りの会での歌声が小さい	38
7　担任がいない時，落ち着かない	40

Part3 児童会活動・学校行事での指導場面
—困った時の解決策と予防のポイント

1	学校行事に意欲が持てない	42
2	運動会で自分たちから動けない	44
3	委員会の当番活動をやらない	46
4	集会活動が上手に運営できない	48
5	遠足や修学旅行できちんと行動できない	50
6	卒業式の練習中，態度がよくない（5年生）	52
7	卒業式に向けた雰囲気が高まらない（6年生）	54

Part4 生活態度の指導場面
—困った時の解決策と予防のポイント

1	うそや言い訳ばかりする	56
2	男の子同士がとっくみ合いのけんかをした	58
3	朝自習に静かに取り組まない	60
4	落とし物が多い	62
5	机やロッカーの中が散らかっている	64
6	トランプを勝手に持ってくる	66
7	給食がなかなか食べられない	68
8	トイレのスリッパがそろわない	70
9	教室からの移動がうるさい	72
10	保健室によく行く	74
11	校舎内でアメの包み紙が発見された	76
12	壁に落書きがあった	78
13	ゲームセンター・ゲームコーナーによく行っている	80
14	学校に来ない（不登校）	82

Part5 授業態度の指導場面
―困った時の解決策と予防のポイント

1	授業の開始に遅れる	84
2	挙手しない	86
3	話し合いに参加しない	88
4	私語が多い	90
5	宿題をいつもやってこない	92
6	「塾でやった！」「もう知っている！」と言ってしまう	94
7	忘れ物（学習用具）が多い	96
8	トイレにしょっちゅう行く	98
9	男子は男子，女子は女子で固まっている	100

Part6 教師との人間関係に関する指導場面
―困った時の解決策と予防のポイント

1	指示があるまで動かない	102
2	あいさつの声が小さい	104
3	手伝いをお願いすると「え～」という言葉が返ってくる	106
4	指導しようとすると「だって……」と言い訳ばかりする	108
5	教師を避ける	110
6	「前の先生の方がよかった」と言ってくる	112
7	いつも教師のところにくっついてくる	114

Part7 異性意識に関する指導場面
―困った時の解決策と予防のポイント

| 1 | 男女の仲が悪い | 116 |

2	男子と対等に張り合っている	118
3	注意する時の言葉が厳しすぎる	120
4	「好きな子だれ？」としつこく聞いてくる	122
5	好きな子をばらされたと勘違いされた	124
6	バレンタインデーを前に，落ち着かない	126
7	見た目を気にして給食を減らす	128

Part8 高学年女子の指導場面
―困った時の解決策と予防のポイント

1	仲良しグループができてしまう	130
2	交換日記を持ってくる	132
3	「にらんでくる」「笑われる」と訴えてくる	134
4	メール・LINEのトラブルが起こる	136
5	いろんな場所でたむろしている	138
6	こっそり特別教室に入っている	140
7	意見を言わず静かにしている	142
8	陰で悪口を言っている	144
9	一人がグループから外れる	146
10	いじめられて学校へ行きたくないと言い出す	148

コラム1	高学年の担任になったら	17
コラム2	高学年の心をつかむ指導とその考え方	150
コラム3	「ちょっと聞かせてアンケート」	151

Part 1　担任になったら押さえたい高学年指導の基礎・基本

1 高学年の子どもとのコミュニケーションの基本

B児童観で子どもを見る

　通常，教師は「めざす子ども像」「理想とする子どもの姿」に近づけようとします。ただ教師の思いが強すぎると子どもの悪い面ばかり目につきます。理想を100点満点として，そこに近づけようとする見方を「A児童観」とします。でも，もう一方の見方があります。今いる子どもはそこにいるだけで100点満点だとするのです。そこから加点的に見ていく見方を「B児童観」とします。

　例えば，朝活動の時間に一人で静かに自習を指示していたとします。その後，教師が教室に入ると，隣の人と話をしていて自習をしていない子どもがいました。多くの教師は真っ先に自習をしていない子どもに目がいきます。しかしB児童観で子どもを見ると，一人静かに自習をしている多くの子どもの姿に目がいきます。教師がいなくても自分で自習ができる子どもに「すごいね！」と感動し，「さすが高学年だね」と声をかけることができます。

　B児童観で子どもを見ることができるようになると，子どものよい面がたくさん見えてきます。B児童観で見ることは簡単なことではありません。でも「こんな見方ができるんだ」と知っておくだけで，視点を変えればどんな子どもにだって十分コミュニケーションをとるための素材が見つかります。

能動性を活用する

　「能動性」とは，子どもの内発的な学習意欲のことです。子どもが「うちから」の「学ぶ意欲」をもって学校生活に取り組ませるのです。高学年になると委員会や運動会など自分たちで学校を動かす場が増えてきます。こうした場で活躍できる子どもを育てるためにも子どもが自主的に動いている場面や子ども同士が自分たちで考え，行動している場面について着目します。

例えば、「昨日『休み時間に応援合戦の話し合いをしたいので音楽室を使っていいですか？』って来た人がいました。まだ運動会まで一か月以上あるのに自分たちから準備を始めようなんて素晴らしいなぁと感動しました」と、このように翌日の朝の会などで話します。コミュニケーションのきっかけとなる出来事を子どもの能動性が働いている場面にするのです。

　高学年になると、教師の命令・指示通りに動くことよりも、自分自身で動くことによって自尊感情が高まります。能動性を活かす言葉かけを意識しましょう。

学校は学ぶところだと気付かせる

　「学校へ何をしに来ている？」こう問いかけると、例外なく「勉強をしに来ている」と答えます。そこで「勉強って何？」と子どもに聞くといろいろな意見が出てきます。国語・算数・理科・社会・道徳といった教科や領域、給食や休み時間なども出てきます。学校での勉強は単に学習指導要領の内容を教えることではなく、自分自身の生活面や友だちとの関わりなども含まれていることに気付きます。学校では、そこで何かを学ぶ場所なのだということを確認します。そのために教師がいるんだということです。事実、教育の目的は「人格の完成を目指す」ことにあります（教育基本法）。

　ですから教師と子どもの関係は、学校では「教え―教えられる」関係としてコミュニケーションをとることを意識しておきましょう。いざという時（地震など）教師の命令・指示が必要な場合もあるのです。もちろん子どもの心に寄り添い、同じ目線で語れることも大切な教師の人間性です。

ポイント

■ どんな子どもも100点満点の姿としてとらえよう。
■ 子ども同士の関わりを育てていこう。
■ 「教え―教えられる」関係のうえで子ども理解に取り組む。

2 高学年の子どもへのほめ方の基本

「ほめる」というより,「感動する」

　子どもの言動に対してはとにかくほめましょう。ほめてほめてほめまくるのです。高学年なら恥ずかしがるかもしれませんが，それでも声に出してほめておくのです。困ったらほめておく，それくらいでちょうどいいのです。できるだけ，その時，その瞬間にほめていきましょう。

　ただし高学年ともなると，教師の言葉が本心から出ているかどうか見極めます。教師自身が，よく思われたいという変な意識を醸し出しているのです。いい加減でとりあえずの言葉をかけるようであればむしろ逆効果です。

　何とか「ほめなくちゃ」と考えるよりも，子どもの言動に対して単純に「感動」した時に声を出せばいいのです。「いいなぁ」と感動した瞬間に一言でいいのです。例えば，単純に私が感動の三段活用と読んでいる「いいねぇ」「すごい！」「素晴らしい！」という3つの段階を持っておくのです。自分の心に沿ってすぐに声と表情で表すだけで十分です。

　なかなかほめる所が見つけられない場合は，あらかじめほめる場所をつくっておきましょう。例えば「今日はトイレのスリッパをほめるぞ」「〇〇さんをほめるぞ」と決めておくと，そのほめるべき事実が目に入ってきます。

担任以外からもほめてもらう

　ほめるのは担任だけに限定しません。担任以外からほめてもらうこともとっても重要です。担任がほめたいなぁと思っていることでも，あえて他の人からほめてもらったという形にすることもあります。間接的なほめ言葉です。「〇〇先生が君たちのことをほめていたよ」「地域の人から電話があって，横断歩道のわたり方がとても上手だったという連絡が入っています。誰かは分からないけど高学年として素敵ですね」などということを学級全体で伝えます。

また，友だちからはめてもらうこともあります。「〇〇さんがありがとうって言ってたよ」「〇〇君になんでこの問題できるようになったの？って聞いたらあなたに教えてもらったって言ってたよ。ありがとうね」と友だちの言葉を伝えます。

　また，日記や自主学習に「〇〇さんのいいところ」というタイトルで書かせることがあります。ただし〇〇は限定しません。そこで出てきたことをこっそり該当する子どもに伝えます。「あなたのことをこんなふうにいいところがあるって思っているんだって」「この前の宿題で誰かのいいところを書いてくる宿題を出したんだけれど，学級全員のいいところを書いてくれた人がいました。ありがたいね」などと付け加えます。高学年女子など，担任からはちょっと言葉にされると恥ずかしいと思われそうなほめ言葉は，間接的にほめることで相手に伝えやすくなります。

みんなの前でほめるのか，個別にほめるのか考える

　ほめる内容は，その場その時にほめることが原則です。とりたてて，後で学級のみんなの前でほめる場合はその後の影響を考えておきましょう。ほめることによっていいことを学級全体へ広げる効果があります。しかし，高学年女子のグループがある場合，その中の誰か一人がほめられることをよしとしない風潮が生まれている場合があります。男子なら直接名前を出してもさほど問題がありませんが，いいことをしたのが女子の場合，学級の実態に応じて「こんな人がいましたよ。素敵だね」と誰だか分からないように伝えることも１つです。ほめられた本人は自分のことだと分かっているので，心の中ではうれしくなっているはずです。

ポイント

- ■ ほめてほめてほめまくろう。
- ■ ほめてもらうのは担任だけとは限らない。
- ■ その場その時にほめる。

3 高学年の子どもへの叱り方の基本

行為・行動に対して叱る

　叱る場合は，その事件の子どものやった行為・行動についてのみ指導します。その子どものこれまでの出来事（事件）や人間性について叱ってはいけません。今回の事件について，何がいけないのか自覚させることが大切です。子どもによっては，何がいけないのかよく分かっていない場合もあるのです。「いつもやっていた遊びなのに」「友だちにさそわれたから」と言う場合です。高学年の子どもたちは，勢いや流れの中でついいけないことをやってしまいがちです。きちんと「こういうことがいけないんだ」ということを自覚させましょう。

　そのうえで，「あまりよくない話を聞いたんだけど，心当たりある？」「昼休み，体育館でのことなんだけど」とできるだけ子どもから話が出るようにします。自分の口からいけないことが出てくれば，それは自分でいけないことだと分かっている証拠です。「分かってるじゃないか」「もうするなよ」と言うだけで十分です。

短くスパッと終え，見通しを持たせる

　指導する際は，長々とお説教をしてはいけません。子どもの頭が下がってきたら，教師の声は子どもの頭の上を通り抜けていると考えていいでしょう。指導する場合は，大事なことを短く，あとくされがないようにスパッと指導を終えます。指導を終えたらそこで「この話はおしまい」と言い切るくらいにしたいものです。

　加えて「ところで，これから君たちはどうすればいい？」などと問いかけ，自分たちで今後，どのような行動を示せばよいのかを考えさせます。高学年になれば自分たちがどのような行動をすればいいのか考えます。「もうしま

せん」というのは当然のこととして，「同じようなことをしていたら注意する側に回る」「反省して一週間は体育館で遊びません」などと自分たちの見通しを持たせましょう。教師も指導する内容についてせめて３日程度は「今日はちゃんとできた？」「今日はルール守っているね」と声をかけ続けることで適切な行為・行動へ導いてあげることができます。

個別に叱る

　高学年ともなると，女子を中心に友だちからどう見られているかという意識が高まります。高学年になるとみんなプライドを持ち始めます。みんなの前でいけないことを叱られると「恥をかかされた」と思い，逆恨みされることもあり逆効果になります。原則，叱る場合は個別に行います。

　「あまり君にとってはよくない話なんだけど」と前置きをして話します。また，学級全体にもこの件を指導しなくてはいけないことについては「このことを名前は出さないけれど，こういうことがあったということでみんなに話すけれどいいかな？」と確認しておきます。そして指導を終える時は，必ず「これからの君が変わることを期待しているよ」と付け加えて別れます。

　だからといっていけないことを遠慮して見過ごすのは，その行為を暗にやってもいいですよと伝えていることになります。例えば，ルール違反の文房具を使っていた場合は，そばで小さな声で「これ，ダメだよね」と一言言います。いじめや学級全体のルールに関わることは毅然と対応しなくてはいけません。

ポイント
- 何がいけないのかを自覚させよう。
- その後，どうするのか一緒に考えよう。
- プライドを傷つけてはいけない。

4 高学年の心をつかむ注目すべき指導場面

① 学級活動での指導場面

学級活動は，唯一の自分たちの時間だと伝える

　学級会という時間は，その名の通り，学級の会です。ここでの主役は子どもたちです。ですから最初の学級会の時間に，次のように伝えます。「学級会（学級活動）は，一週間の中で唯一，君たちのための時間だからね」と。一週間の時間割のうち，他の教科等は教師がカリキュラムに従って授業を進めます。でも，学級活動の時間だけは，子どもたちの時間だということを意識させます。子どもだけで何かを考えさせる自主・自立の場を作るのです。

できるだけ任せる

　学級会の時間くらいは，子どもたちに思い切って任せてみましょう。子どもたちの自主的で主体的な活動に任せてみるのです。まずは，議題を１つ任せてみましょう。「君たちで話し合いたいことを話し合ってごらん」いきなり，こう言われるとたいてい困ってしまいます。「先生，何を話し合えばいいんですか？」と。そんな時は「学級会はみんなの会だからそれも決めていいんだよ」と返します。ここでも「え～！」と戸惑うでしょう。それもまた話し合いの必然性を高めるのに必要です。そこで次の議題で考えさせます。「次の学級活動の時間に，何をするか」この議題は盛り上がり，意見を言いたくなります。あとは話し合いを見守ります。「どうしても！」という時だけ，教師が口を挟みましょう。

　ただし「40分間は君たちにあげるよ。その代わり，最後の５分間は話をさせて」と伝えます。授業の最後にきちんと教師が今日の学級会の様子について評価してあげるのです。

話し合いの決着がついくようがいまいが、時間になったら教師が話をします。「今日の学級会、うまくいったと思う人？」子どもに挙手させます。そこで、うまく話し合いが進んでいれば、なぜうまくいったのか、誰がよかったのか、そのことを認めてほめてあげます。もしも、途中で困ったことがあったり、決着がつかなかったりしていたら、それはなぜなのか、どうすればよかったのか、教師が解決方法を示してあげます。そして「次の時間はこのことを意識して話し合いをしようね」と見通しを持たせてあげればいいのです。学級会で成功体験や失敗体験を繰り返すことで話し合いはより洗練されていくはずです。

司会・書記は学期で固定する

　学級会の司会・書記については、1つの学期の間は固定しておきます。司会は慣れと経験が大切です。司会は男女1名ずつがいいでしょう。1つの学期は固定し、上手な司会者に育てていきます。最初の司会者がその後の司会をする子どもの目安になります。司会者を見ながらその他の子どもも自分が司会者になったらどうすればいいのかを意識させておくのです。

　いきなり「司会をして」では、かわいそうです。次のように学級会を進める手順を最初は教えてあげます。

---
①意見・アイデアをたくさん出す　→　②賛成・反対の意見を言う
→③意見が止まったら多数決をとる　→　④多数決で2～3択まで絞る
→⑤もう一度意見を言い合う　→　⑥意見が止まったら多数決をとる

　司会や書記は教室内の当番活動の1つとして加えてもよいでしょう。

ポイント

- ■ 学級会の主役は子どもたち。
- ■ 迷ったら教師は出ずに子どもに任せる。
- ■ 司会者を育てる。

② 児童会活動・学校行事での指導場面

見通しを持たせる

　高学年になるとちょっと先のことを見通して行動できるようになっていきます。ですから一か月くらい先の学校の行事予定が分かるようにしておきましょう。例えば教室に一週間の予定や一か月の予定表を貼っておきます。児童会の集会活動や委員会活動，学校行事など大きなイベントを行う場合に学校全体の流れを意識しながら動かしていきます。

　最低でも一か月先が分かるようにしておきたいですね。

児童の会だということを意識する【児童会活動・委員会活動】

　児童会活動は，その名の通り児童の会です。本来，学級会と同様に児童が企画・運営する活動なのです。ですから，活動の内容もできるだけ子どもたちで考えさせてみましょう。ただし，どうしても学校の当番的な活動があるのは仕方のないことです。それは高学年の務めとしてしっかり果たすことが必要です。「学校のために君たちがやらないと低学年が困るでしょう」と話し，責任感を持たせます。

　児童会に所属する各委員会の仕事の内容は，当番的な活動ともう１つ，学校を豊かにする活動があります。これはなくてもかまわないけれど，あったら学校のみんなが過ごしやすくなったり楽しくなったりする活動です。当番活動だけじゃなく，話し合いで学校を豊かにする活動を自分たちで考え出せるようになると高学年らしくなっていきます。

意味・意義を理解する【学校行事】

　運動会や音楽会・学習発表会といった毎年決まった大きな行事があります。この学校行事をただ何となくこなしていくのではもったいないことです。教師たちは「運動会実施計画」のようなものをもとに，行事のねらいを把握し

ています。同じように子どもたちにも学校行事の意味・意義を教えます。
　例えば「運動会をなぜやるんですか？」と問いかけます。すると，子どもなりに「みんなで協力する力をつけるため」「全力を出し切ることの大切さを知るため」といった意見を出してくれます。「そうだね。その通り。それを意識して運動会に取り組もう」と話すだけで，子どもたちの心構えがぜん変わってきます。

ポイント

- 一か月先の予定が分かるようにする。
- 「そもそも，なぜ要るのか，なぜするのか」と考えてみる。
- 当番活動と学校を豊かにする活動の両面があることを教える。

コラム1　高学年の担任になったら

高学年の担任になったら……。
不安になる必要はありません。
高学年になれば，言葉が通じます。
世の中の話題も流行も知っています。
一緒に考え，一緒に学び，一緒に学校生活が送れるのです。
教師も一緒に活動し，一緒に感動しましょう。
教師の思い出や人生を語ることもできるでしょう。
教師の夢や未来を子どもとともに語ることもできるでしょう。
高学年だからこそ，思い出が心に残ります。
小学校の思い出は，そのまま高学年の思い出になります。
その大切な時期に，一緒に学校生活を送るのです。
しっかりと子どもの可能性を信じ，子どもの能動性を活用しましょう。
3学期の3月，教師を頼らなくても動き出す子どもの姿を目指して。

③ 生活態度の指導場面

見た目は大事と指導する

　学校内の約束や決まり，道徳的なしつけを指導します。普段の学校生活における生活態度の問題です。子どもたちの心は見えません。しかし心のあり方は行為・行動を通して視覚化されます。

　例えば，昇降口の靴がそろえてあるのか。自分のロッカーのランドセルはどのように入っているのか。教室移動や帰りのあいさつ後にイスがきちんと整えられているのか，などです。まずはみんながそろえるところから指導してみましょう。心は見えませんが，行為は見えます。行為・行動を正すことを通して，心の部分も指導していきます。実際に，昇降口の靴やロッカーをそろえさせてみましょう。するとなんだか清々しくて，とても気持ちがよく感じるはずです。

　なぜ「そろえる」ことがいいのかというと，目で見て分かるからです。誰ができていて，誰ができていないかが分かりますし，すぐに正せます。そして責任の所在がはっきりしています。子ども一人一人の役割が明確なのです。指導する場合は，「昇降口は，学校の顔になります。お客さんが来た時の学校に対する印象が違います」「ロッカーに入れる時には，今日一日勉強頑張るぞ，という心構えをそこでつくるのです」と，指導に意味づけを行っておきましょう。

しつこく続ける

　まずは昇降口の靴でもロッカーでもイスでも，何か一か所にしぼって取り組んでみましょう。1つがそろうようになると，他のことに転嫁して，そろうようになっていきます。早ければ一週間で変わります。その変わっていく姿をどんどんほめて認めてあげましょう。

　生活指導は学校だけの指導ですぐになんとかなるものではありません。だ

からといってすぐにあきらめてはいけません。できるまでしつこく続けるのです。先の靴やロッカーの話でも，ほんのちょっと声をかければとりあえず何とかなるのです。多くの場合，教師が「どうせできないんだから」とあきらめているのです。子どもと教師との根競べのつもりで取り組んでみましょう。

「自覚」から「随意」へ導く

「自覚」という言葉があります。「自分でも分かること」（新明解国語辞典）です。普段の生活の中で，「そろえる」ことが大事だと書きました。最初は，子どもが「今日はちゃんと靴をそろえておこう」という意識化する段階です。教師が「今日は半分の人ができていたね」「あと3人だなぁ」などと自覚を促していきます。

でもいつまでたっても「自覚」ばかりしていては困ります。次の段階「随意（ずいい）」へ導いてやりましょう。「随意」とは「自分のしたいことを勝手にする様子」（新明解国語辞典）です。意識せずとも勝手に体が動く段階です。靴をわざわざそろえようとしなくても勝手に自然と体が動いて靴をそろえてしまっている状態です。全員がなにか「そろう」状態になったら，次は教師の言葉かけを控え，子どもたちが随意の状態になっているかどうかを確認してみましょう。習慣化されていれば，教師の言葉かけなどなしに常に「そろっている」状態になるはずです。そろっていなければ，また自覚させていくことの繰り返しです。何事も1つのことを意識せずに行える段階の「随意」を目指しましょう。

「随意」の段階があることを知っておくと，できないことに対して「注意」「叱責」ではなく自覚させるために教えてあげればよいことに気付きます。

ポイント

- まずは「そろえる」ところから指導する。
- 教師があきらめない。
- より高い子どもの姿を見ながら意識しなくてもできる状態へ。

④ 授業態度の指導場面

授業は自分たちで考えるものと伝える

　学校の授業はみんなで作り上げていくものです。ここでいう「みんな」とは子どもだけでなく教師も含まれます。教師の一方的な話を聞くだけでよければ塾と変わりません。学級のいろんな人の考えを聞いたり話したりしながら学問の真理にみんなでたどり着くのです。だから自分の意見は精一杯話せるようにしたいものです。

　あっているか，間違っているかよりもどんな考えを持っているのか，そして自分のあっている意見を伝えられるのか，説得できるのか，こそが大切です。正誤だけなら塾で学んでもいいですし，テストでも評価できます。みんなで学ぶ楽しさを味わわせましょう。

「話す－聞く」の関係を大切にする

　いろんな授業を参観します。教室内で一番熱心に話し，聞いているのは誰でしょうか。それは教師の場合がほとんどです。だから子どもは教師の方を向き，教師に向かって話します。低学年ならそれもよいでしょう。でも高学年になったのなら，そこに子ども同士の関係をきちんと意識させましょう。授業中は，みんなに向かって話をし，話をしている子どもの方をきちんと向かせます。視線を合わせるように指導します。常に相手意識を持って授業中の発言も意識させましょう。

　もちろん教師が「話す・聞く」モデルとなることも大事です。少なくとも誰もいない黒板に向かって子どもが話をし，聞いている人が下を向いて何かを書いている，そんな状態は避けたいものです。

授業が楽しければ問題行動は減る

　とにかく授業を楽しいものにしましょう。ここで言う「楽しさ」とは、おもしろおかしい、という意味ではありません。学ぶ楽しさ、質の深い学び、と言ってもいいでしょう。授業を終えた後に「なるほど、そうだったのか」「へ〜そうなるんだ」「続きが待ち遠しい」そんな思いを子どもに持たせる授業です。教科書の内容であっても、そこに教師がこれは教えたいという強い熱意や解釈があると受ける子どもも一味違うものになるようです。

　子どもの問題行動が増えてきたら、まずは授業を見直してみましょう。教科書に沿っていなくてもかまいません。書店に行くと、楽しそうで子どもが食いつきそうな授業の情報が並んでいます。そんな実践をぜひ追試してみてください。授業を通して学級が立ち直っていきます。

　本書では授業の中身については触れません。もしよろしければ国語の例として拙著『今日から使える！いつでも使える！　小学校国語授業のネタ100』『小学校国語の授業づくり　はじめの一歩』（いずれも明治図書）をご覧ください。

ポイント

- 授業はみんながいるから楽しい。
- だれに話し、だれの話を聞いているのかを意識する。
- 授業が楽しいことが第一。

⑤ 教師との人間関係に関する指導場面

嫌われることを恐れない

　高学年ともなると背も高くなり女性の教師にとっては見上げる子どもも出てきます。中学生っぽい男子生徒もいて，ちょっと怖そうに見えてしまうこともあるようです。女子も大人っぽく見えて近寄りがたくなります。言葉もけっこう達者になってきます。外見と中身が違うのも小学校の高学年。しっかり指導しなくてはいけません。ここでの基本的な構えは，あくまでも「教える側と「教わる側」であるということです。指導しなくてはいけないことは，たとえ嫌われたとしても指導しなくてはいけません。変に媚びたり遠慮したりする必要はありません。むしろ，こちらの方が信頼をなくしていきます。

　大切なことは1ミリでも上に立ち，正しい方向へ導いていかなくてはいけません。例えば担任になった直後に大地震が起こるかもしれません。その際には命令・指示で迅速に移動させなくてはいけません。また，understandという言葉が示す通り，子どもを理解するためには，ほんの1ミリでもいいので下に降り立ってやることも必要です。子どもの気持ちに寄り添うことは大切ですが，教師と子どもが同じ立場になってはいけません。教育とは指導（指差し，導くこと）であるという本来の目的をきちんと持っておきましょう。

教師自身が語れるようにする

　低学年の子どもと接する時は，言葉を吟味し分かりやすい言葉に翻訳して話す必要があります。その点，高学年になると大人の言葉がそのまま通用します。子どもとのやりとりにあまり苦労しません。その代わり、自分の発する言葉に対して吟味することを忘れてしまいがちです。思ったことをついそのまま言葉に出して不適切な言葉を言ってしまったり，感情的に怒鳴ってし

まったりする危険性もあるのです。

この時期の子どもたちは相手がどんな気持ちで話しているのかも察することができます。生活面のきまりなどたくさん指導することが出てきます。指導する際も，タテマエで言っているのか，本気で言っているのかも感じ取ります。

どんな言葉も，教師自身の言葉で語ってほしいと思います。学級全体で指導する時の話し始めの言葉を「先生は……」ではなく，「私は……」とするだけで，教師自身の言葉に変わっていきます。教師として，も大切ですが，一人の人間として子どもとどう関わっていくかを意識することも大切です。

教師寄り2割，教師敬遠2割，様子見6割

新しく出会って最初の教室の2割の子どもはすぐに教師の味方になりますが，2割はなかなか教師になじみません。残りの6割は中間どころで様子を伺っています。この6割をいかに早く教師寄りにするかで学級運営が決まります。言い換えると2割は最初からなかなか教師にはなじまない子どもがいるものなのです。最初から100％を目指さないことです。まずは5割以上。5割を越えた瞬間，学級全体への教師の指導が通りやすくなります。

また，女子の中には男性の教師と握手することさえも嫌がる子どもがいます。子どもとの人間関係は物理的な距離感で分かります。例えば「本を読み聞かせてあげるから近くにおいで」と言ってすぐ近くに来る子どもとは信頼関係が築けているのです。また，なかなか遠くから様子を伺っている子どもとは，やはり心の距離も遠いままなのです。

ポイント

- 1ミリでも上か，下に立つ。
- 「私は……」で語ってみる。
- 物理的な距離が心の距離を知らせてくれる。

⑥ 異性意識に関する指導場面

意識することは当然のこと

　高学年になると，好きな異性ができます。そしてそれがだれであるのかが休み時間の話題になることもしばしばです。高学年になって好きな異性ができるのは自然なことです。ただし，異性関係によるトラブルには目を光らせておかなくてはいけません。「無理やり好きな人を言わされる」「好きな人をバラされた」などです。

　そこで，あらかじめ「この時期，好きな人ができるのは自然なこと。でも，それを無理やり言わせたり，好きな人をバラしたりするのは脅迫と一緒。いじめと一緒です。気を付けましょうね」などと予防線を張っておきます。

　また，授業中にペアやグループなど男子と女子で活動していて，冷やかすようなことがあれば問題です。「異性のことが気になるかもしれないけれど授業の邪魔になるなら好きな人はいない方がいい！」と指導することも大切です。

知っているけど「知らないふり」も大切

　休み時間などワイワイと好きな人が誰だとか固まって話している場面があります。「何話しているの？」と問いかけて「先生には秘密！」と言われてしまうこともあります。そんな時は，「分かった分かった」と知らないふりをしていましょう。この時期になると，教師にも言えない異性のことがでてきます。他の子どものいろんな噂話で教師の耳に「〇〇君は〇〇さんのことが好きなんだって」という情報が入ってくることもあります。そんな時は「そうなんだ」とニコニコと聞き流しておきます。あくまで知っているけれど知らないふりをしておくのです。教師から「〇〇君のこと好きなんだって？」などと絶対に口に出してはいけません。「どこで聞いたの！」「何で知ってるの！」と信頼関係が一気に崩れてしまいます。だれがだれを好きだと

いうことを知っていたとしても教師の方から口に出さず，心にとめておきましょう。

自分の思いと相手の思いは違う

　高学年の異性意識は女子の方が男子よりも先に高まっていきます。卒業を控えていて中学校がばらばらになってしまう時など「早く告白しなきゃ！」という妙な競争意識が生まれることもありました。一方で，男子は好きな人がいるものの，告白するとか付き合うとかそんな意識まで高まっていないのが高学年の男女差です。この男女の差を埋めてあげなくてはいけません。

　この時期の女子は，自分が好きだったら相手も好きなはず，という一方的な思い込みに陥ることがよくあります。呼び出されて告白された男子が，どう返事をしていいか，どのような態度をとればいいのか困ってしまうという場面も何度かありました。時を見て「自分が好きでも，相手が好きだとは限らない」ということを教えてあげることも必要です。大人になれば失恋が教えてくれるのでしょうけれど。

ポイント

- 授業に異性意識を持ちこませない。
- 深入りせず，見守ることも大切。
- 自分が好きでも相手も好きとは限らないことを教える。

⑦ 高学年女子の指導場面

レディーとして扱う

　高学年の女子は，まだ中学年の延長で，男性教師にも「一緒に遊ぼう！」と誘ってくれる子どもがいるかと思えば，グループを結成し男性教師に全く寄ってこない子どもまで発達段階が多岐にわたります。

　そこで，原則として高学年の女子には（特に男性教師は）レディーとして対応することをお勧めします。言い換えると小学生であっても大人の女性として扱うということです。大人の女性に言わないことやしないことは，子どもにも言わないし，しないのです。

　女子への指導は，子どもの日常のふるまいに際しても，大人の女性としてのふるまいを意識させるのです。今，まだ幼い対応で済んでいる子どももそのうちいわゆる高学年の女子になっていきます。そこで対応を変えるのではなく，4月からこのスタンスでいくとよいでしょう。

来る者拒まず，去る者追わず

　高学年女子の中には，最初から教師のところに近寄ってさえこない子ども（たち）がいます。「どうして話しかけてくれないの？」とこちらから近寄っても毛嫌いされるだけで逆効果です。特に問題がないのであれば，放って（見守って）おきましょう。本当に必要な時，例えば，具合が悪い，いじめられているといった時には話しにくるはずです。何か用事があって話しかけてきた時，真摯に対応してあげればいいのです。

　ただし，授業中や避難訓練などの時，わざと避けるような態度をとるようであれば，そこはきちんと指導します。「君たちが私のことを好きか嫌いかは別として，ここは授業をする場なのです。授業の構えができないのならおうちの方と相談します」「避難訓練は君たちが避難するだけでなく，先生たちが君たちの命を守るためにも行っているのです。ここで私を避けるような

そぶりをするのであれば，君たちの命は助けられません」短くズバリ言い切ってしまいましょう。嫌われようが大事なことがある，そういう決意も大切です。こんなことも若い時のうち。年齢を重ねると意識さえしてくれなくなります。

ノートは大切なコミュニケーションの1つ

　教師に対して距離を置いてしまう子ども（たち）・グループがあります。女子はグループの中で教師（特に若い男性教師）を敵（本当は敵ではないのですが）に見立てて結束を強めることがあります。そうなると本当は教師と仲よく話がしたいのに，グループ内の掟によって話ができない子どももいるのです。

　そんな時のコミュニケーションの1つとして日記を利用しています。直接会って話はしたくない（できない）けれど，文章を通してだと話ができるという子どももいるのです。外面はそっけない態度をとっていても，案外日記のコメントを楽しみにしているということもあります。表面的な態度に一喜一憂することはないのです。

　また，女子のグループ化は一見すると仲良しに見えますが，実は見えないところで困っていることがあります。また，グループ同士の対立や女子の中で見えないいじめが存在している時もあります。そんな時に日記は子どもの出すSOSを発信し受け止める場所にもなります。

ポイント
- 大人の女性と対応するつもりで。
- 授業や命に関わることについては毅然とした対応をする。
- 日記を通して関わりを保つ。

Part2　学級活動での指導場面―困った時の解決策と予防のポイント

1 学級会の話し合いが盛り上がらない

学級会を行ってもなかなか意見が出ず，盛り上がりません。
意見を言ってくれる子どももいますが，一部の子どもだけのやりとりになってしまいます。意見を言わない子どもは全く意見を言いません。

これで解決！

- どうしても，という時まで待つ
- 議題は必然性があるかを考える
- 話し合いのシステムをつくっておく

1　教師ができるだけ出ない

　学級会はあくまで子どもたちの会です。意見が出ないのも子どもたちに任せてしまえばいいのです。沈黙が続いても，その沈黙を破る猛者が現れます。教師が行う教科の学習ではありませんからできる限り任せましょう。教師が前に出れば出るほど，子どもたちの意見は出にくくなります。

2　議題を見直してみる

　話し合う議題が本当に必然性のあるものでしょうか。教師の都合によって話し合わされている議題になっていないでしょうか。本当に自分にとって意見を話し合わなくてはいけないものなら何らかの意思表示はするはずです。

ためしに「次回の学級会の時間は何をするのか」などの話し合いをさせてみましょう。体育館を使ってドッジボールか教室でお楽しみ会なのか。きっと意見が出るはずです。

3 話し合いの流れを示す

学級会をスムーズに進めるために，学級会を最初に行う際におおまかな流れを示しておきます。

最初はとにかく意見をたくさん出します。出す時に意見に①②③と番号をふっておくと話し合いがスムーズになります。次に，出された意見についていろいろ言い合います。賛成意見や反対意見，質問など自由に言い合います。子どもたちの意見が出なく

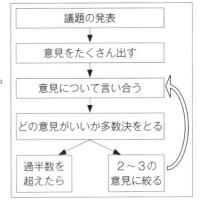

なったら（沈黙がしばらく続いたら）多数決をとります。ほぼ全員が１つの意見になってしまえばその意見でいいでしょう。いくつかに分かれたら２～３に意見を絞ってもう一度，いい意見について言い合います。そしてその中から１つに絞ってしまいます。あくまでみんなで決めたことなので，どんなに自分の意見と違っていても，ここは従ってもらうよう教師の側できちんと説明しておきます。

予防のポイント

学級会は一週間授業時間がある中で，唯一の自分たちが使える時間なのだということを教えます。「何をするかは君たちが決めていいよ」と話します。ただし，最後の５分間だけは教師の時間にしておきます。ここで子どもたちの話し合いの様子について評価します。また，学級会の司会や書記などは，最初は一学期間固定しておきます。司会者への指導も必要ですし，その指導を見ながら他の子どもも司会の技術について学ばせるのです。

2 話し合いで意見が譲れない

> 学級会で何かを決める時に,自分の意見にこだわり,譲ることができません。多数決で決まっても「いやだ」「協力しない」の一点張りです。おかげで何度か彼の主張をのんだのですが,相変わらず意見が譲れません。

これで解決！

- いじわるして頑なにならないように念を押す
- 多数決は民主主義の1つの形だと教える
- 話し合いの後に感想を聞く

1 単にわがままで固持するのは,いやがらせと一緒

　どんな意見でも,他のみんなが妥協して1つの意見に決まった後にも譲れずに固持するのはみんなに対していやがらせをしているのと変わりありません。「いじわるで意見を変えないことのないように」とあらかじめ念を押します。

2 多数決は物事を先に進めるための先人の知恵

　学級会を通して意見の相違があるのは当然です。しかし1つに決めないといけない場合は,いつまでも話し合いを続けるわけにもいきません。時間との勝負になってきます。そんな時に意見を譲れない場合は多数決で決めると

いう学級会の原則に基づきます。絶対にしてはいけないのが、わがままを突き通した子の意見を通してしまうことです。一度わがままが通ってしまえば「これでいいんだ」という誤った学習をしてしまいます。多数決は物事を進めるための民主主義の1つの形であることを教えます。国会でもそうやって物事が進んでいくのです。決まった後にいろいろ文句が出ても厳しいようですが放っておきます。

3　意見が通らない子の意見を採用したらどうなるかと投げかける

　毎回、意見が通らなくて不満を抱いているようなら「今回は○○君の案を採用してみる？」と投げかけてもいいでしょう。例えばお楽しみ会にやりたいことをその子のやりたいことにしてみます。活動後、どんな気持ちだったのかその子やみんなに聞いてみればいいのです。その子が満足したのなら次は多数決で自分の意見にみんなを説得させる術を身につけさせましょう。その子が満足しないなら、きっと何らかの後ろめたさがあるはずです。それを感じさせることも大切かもしれません。

多数決で次のお楽しみ会はドッジボールになりました。

やだ！ぜったいにサッカーがいい！

予防のポイント

　学級会で自分の意見が採用されないとふてくされるのは低学年によくあることです。「意見が通らなくて文句を言うのは、だだをこねている低学年と一緒ですよ。そうならないように上手に話し合いをしましょうね」「誰かが泣くような話し合いだったらしない方がましです。先生で決めてしまいます。それともみんなで話し合いをしますか？」などとあらかじめ予防線となる言葉をかけておきます。

3 学級の当番活動をやらない

学級の当番活動をやらずに怠けてしまう子どもがいます。
きちんとやる子どもが怠けている子どもに「ちゃんとやってよ！」と怒る場面も多くなっています。

これで解決！

- 原則は一人一当番にする
- もしも大人の世界だったら……と考えてみる
- 指導後3日は声をかける

1 一人一当番で役割を明確化する

　当番活動はやらないとみんなが困ってしまう活動です。責任をもってやってほしいところです。ただし1つの当番活動に2人以上のメンバーがいる場合はだれかに任せがちになり怠ける人が出てきます。そこで原則一人一当番制にしておきます。責任が明確になるからです。だれがやったかやらないかはっきり分かるようにします。

2 当番活動は後の仕事につながる

　当番活動は社会に出てからの仕事につながることをたとえ話で話します。「当番を怠けるということは，働いた時に仕事を怠けることと同じです。そ

んなことが続いたらどうなりますか？ クビです」と話します。あまりに当番活動をしないようなら実際に当番活動をはく奪してもいいでしょう。代わりに「だれかやりたい人」と聞けば何人か手を挙げるはずです。再度怠けている子どもに問いかけます。「君の当番をやりたい人もいるのです。仕事を取られてしまうわけです。それでもいいですか？ 社会に出た時同じ状態ならどうなりますか？」と問いかけると「ちゃんとやります！」と言うはずです。

3　指導後3日は声をかけてあげる

　当番活動だけではありませんが，指導をしたら最低でも3日。できれば一週間は一言「今日は当番忘れちゃダメだよ」「今日は当番活動やった？」と声をかけてあげます。やっていれば「ちゃんとやってくれたんだ。ありがとう」と声をかけます。指導しっぱなしでその後の評価をしなくては，また怠ける状態に戻ります。

黒板係の○○君がまた黒板消してません。

困ったね…

予防のポイント

　当番は教師がいない日でも学級の生活が子どもだけで過ごせるようにイメージして当番を決めていきます。この当番は，一人一人役割をあてますが「気付いた人がやってあげることが原則」と話します。「○○君が当番だから私はやらない」というものではないのです。究極の当番とは「当番を決めないこと」です。気付いた人が自主的に電気をつけたり消したりし，黒板を消したり配りものを配ったりする，そんな学級が理想です。そんな話をしたうえで当番活動に取り組ませます。

4 係活動が活発にならない

係活動を決めたのですが，なかなか活動が活発になりません。形だけの係活動になってしまいそうです。

これで解決！

- 時間と物があるかをチェックする
- まずは１つの係を後押しする
- 係は学級を楽しくする活動だと伝える

1　時間と物を保証する

　高学年になると学活の時間にはやらなくてはいけない指導計画の内容が多いです。また，休み時間にも委員会の当番活動が入っていて係が集まることができにくいのも現状です。そんな状況を理解したうえで，時間と係活動によって必要な物をきちんと準備してあげることが活性化につながります。授業が早く終わった時や朝の活動を週に１回は係活動にあてるなど時間を作ってあげましょう。

2　どこか１つの係が出てくれれば活発になる

　すべての係が同様に活発になることはありません。どこか１つ，元気な係

が出てくればそれをみんなの前でほめていきましょう。例えば「新聞係さんが，壁新聞を作ってくれました。楽しい記事が書いてあります。みんなぜひ見てください。新聞係さんありがとう」と伝えます。新聞係はがぜんやる気になりますし，他の係も新聞係に続いて動き始めます。

3　係と当番を混同していないか確認する

　係活動とは，本来学級が楽しくなるために行われる活動です。それに対して当番活動はだれかがやらないと学級が困ってしまう活動です。係活動はなくても学級は困りませんが，当番活動はないと困ります。低学年なら係と当番の活動を一緒にしてもよいでしょう。しかし高学年になれば係活動と当番活動はきちんと分けます。窓開け係（当番）や黒板消し係（当番）が活性化するはずがありません。どのような係を作っているのか今一度見直してみましょう。

予防のポイント

　そもそも係ってなんだろう？と子どもたちに聞いてみます。結構当番活動と混同しています。上の3のように係と当番の違いを意識させます。そして「学級のみんなが楽しくなるような活動を自主的に行うものです。だからだれと一緒に係をしてもいいですし，1人で係を作ってもかまいません。その代わり，係を作ったからには精一杯みんなを豊かに楽しくしてください」と年度当初に話します。あとは自主的な活動に任せます。一生懸命やっている係に感謝の言葉をかけてあげます。

5 席替えを好きな人同士で座りたいと言う

「席替えをまだしませんか」「席を好きな人同士にしたいです」と言ってきます。男子同士や女子同士仲のよい者同士で座りたがります。

これで解決！

- 「好きな人がいる」ということは「嫌いな人がいる」？
- 男女隣同士，場所はくじ引きにする
- 最低でも月に一度は席替えする

1 学級のだれが隣でも学習ができるように

子どもたちから「先生，席を好きな人同士にしたいです」と休み時間などに訴えがあった時は「好きな人がいるってことは，嫌いな人がいるってこと？」と返します。学級のだれと隣になっても，そこで新しい関わりを持ち，学習に取り組む方が大切です。「好きな女子（もしくは男子＝異性）とだったら相談に乗るよ」と冗談まじりに応じます。

2 運命をくじに委ねる

高学年の席替えは原則として男女が隣同士。場所はくじ引きにします。黒板の字が見えにくい，先生の声や指示が届きにくいなど特別な配慮が必要な

子どもはあらかじめ前方の席にしておきますが，そうでなければくじ引きで決めます。高学年になって先生が場所を決めてしまえば，だれとだれを隣にしたか，分けたかなど子どもなりに裏読みすることがあります。それが先生への不信感につながることにもなりかねません。くじならたとえ同じ人と隣同士，同じグループになっても「運命だね」と一言で済んでしまいます。

3　できるだけ頻繁に席替えをする

　席替えはできるだけたくさんします。その方が子どもは喜びます。長くても一か月に一度は席替えをします。月の初めと決めるのではなく，グループで学習した単元の終了時などが区切りよくできます。席替えによって接点のあまりなかった友だちと話をする機会が増え，お互いを知るきっかけになり学級づくりにも役立ちます。万が一，席替えによって学習に集中できない場所になれば，またすぐに席替えをすればよいでしょう。ただし，参観日や研究授業前だと落ち着かなくなることもあるので気を付けましょう。

予防のポイント

　席替えはなぜするのでしょうか。子どもたちに問いかけます。すると「新しい友だちと話ができる」「気持ちが新鮮になる」「勉強を頑張ろうという気持ちになる」などと意見が出されます。「そのためだったら」と席替えをするのです。ですから「席替えをして勉強の妨げになるようだったら私が席を決めるからね」と念押しします。そしてくじ引きで席を決めます。「好きな人同士がいい」と言っても，実際はそれで勉強できるようにならないことを子どもたちは知っています。

6 朝の会や帰りの会での歌声が小さい

朝の会や帰りの会などで歌を歌うことになっています。
その声がとても小さいです。何とか大きな声できれいに歌ってほしいのですが。

これで解決！

- 1年生と6年生，大きな声が出るのはどっち？と聞く
- 「歌声（うたごえ）」を出す
- 教師のいる時だけ歌う

1 まずは声量から

　高学年になると歌を歌わないのが当たり前と思っていませんか。違います。歌う気になれば子どもたちは歌うのです。歌わなくてもいい状態を作っているのです。まずは声を出すところから始めましょう。怒鳴る声は考えものですが，最初はそれでもOKです。とにかく声量を出させます。「精一杯大きな声を出せるのは1年生？　6年生？」と問いかけると間違いなく6年生と答えます。1年生と答えたら，声を反響させる身体の大きい6年生の方が本当は大きな声が出せるのだと教えてあげます。前よりも大きくなったらほめてあげましょう。

2　ちょっと高い声で歌ってみる

　大きな声が出せるようになったら音程を整えます。「歌声（うたごえ）を出してみよう」と言い，一音高い気持ちで，ちょっと気取って高い声を出させます。歌用の声です。声が高くなると音のコントロールもしやすくなります。教室にキーボードやオルガンがあればそれで音を取ってあげると声も出しやすいでしょう。また「おおかみになって遠吠えを出してみよう」と頭の後ろから高い声でワオーンと声を出す練習も効果的です。

3　教師がいる時だけ歌わせる

　朝の会など教師がまだ来る前に歌っていると声が小さくなります。評価する人がいないので手を抜くのです。歌を歌わせる時は必ず教師が聞いてあげます。そして評価します。経験則ですが，朝よりも帰りに歌わせる方が声は大きくなる気がします。

予防のポイント

　歌をしっかり表情豊かに歌える子どもは心が開いている状態になっています。歌によって身体を揺らしてみたり，しっかり息が入っているか確かめたりします。「今から息を吸って10秒間でアーと出しきって！」「次は20秒ね」「足は肩幅に開いて，片方の足を半歩出してね」
　「瞳で息を吸おう！」など声かけをしていきます。まずは教師も一緒に歌ってみましょう。

7 担任がいない時，落ち着かない

> 私が出張などでいない時に学級が落ち着かなくなります。代わりの先生が教室に入ってくださるのですが，ざわざわしているようで出張から帰ってきたら，お説教から始めなくてはいけません。

これで解決！

- 教師のいない時，学級の実力が試される
- ちゃんとしていた人，ありがとうと言う
- 自己評価カードを準備しておく

1 自分たちでどれだけできたか

　出張など担任のいない時の姿こそ本当の姿です。普段いい子にしているのは担任がいるから。でも見ている人がいなくなった途端に本性が現れます。まだ自主的に動ける力がなく，自制がきかないのです。そのことを自覚させます。「先生のいない時こそ自分たちでできるようにするんだよ」「低学年なら仕方がないけれど，高学年なら自分たちで今何をすべきかできるはず」などと話し，次の出張の時に期待を込めます。

2 騒いでいた人ばかりじゃないはず

　出張や自習など騒いでいる人に目がいきがちですが，きっときちんと自習

ができていた人がいるに違いありません。その子どもたちに感謝の意を込めます。また，きっと騒いでいた人たちに注意してくれた人もいるはずです。そんな子どもにもありがとうと伝えましょう。ただし，注意する言葉かけによってもトラブルになることがありますので「よく気付いてくれたね。一回だけ騒いでいる人に声をかけてくれればいいからね」と伝えておきましょう。

3　自己評価カードを準備する

あらかじめ出張が分かっている時は，一人一人に各時間や休み時間，給食時などどうだったか自己評価カードを書かせます。どのように過ごせばよいのかという見通しができます。

自分たちでどれだけできるかな

	姿勢（◎○△）	一言
朝自習		
①（国語）		
②（音楽）		
給食		
昼休み		

予防のポイント

私も他の教師が出張の時，自習監督などで普段は縁のない学級に入ることがあります。出張で担任がいないとはいえ，一時間その学級に入る教師はその時間を任されているのです。ですから本来，担任の教師に対して「出張中にうるさかった」というのは失礼で，その教師のせいでもあります。自分の学級を空ける時の事前指導も大切ですが，自分が他の学級に入った時には少なくとも担任に「騒がしかった」と言わせないようにしておきたいです。そのためにはたとえテストをするにしてもちょっとした5分程度の話などのネタを持っておくとよいでしょう。

Part 3　児童会活動・学校行事での指導場面―困った時の解決策と予防のポイント

1　学校行事に意欲が持てない

> 運動会や学習発表会でなかなか意欲が高まりません。
> 先生の指示を待ってばかりです。
> つい「もっとこうしなくちゃ」と命令や指示ばかりになってしまいます。

これで解決！

- そもそもなぜ行事が必要なのかを問う
- なりたいイメージを描く
- 周りの子どもに目を向けさせる

1　学校行事の意義や意味を子どもが考える

　運動会や学習発表会の前に，学級や学年を前にして次のように聞きます（時には書かせます）。例えば「なぜ，運動会は必要なのですか？」「卒業式はどうしてあるのですか？」と。子どもたちはそれなりに精一杯考えます。こう問いかけるだけで，毎年やっていた学校行事に対して意識が変わります。「みんなで協力するため」「全力で頑張っている姿を見せるため」「低学年の子どもたちの面倒を見ることができるようになるため」などと言います。子どもたちから出た意見を3つ程度に集約して「君たちが言った，この目標が達成できるように頑張ろう！」と投げかけるだけで，学校行事への意識が変わります。

2 なりたい自分のイメージを考える

　学年が終わった時のなりたい自分のイメージを先に描かせます。そのためにどんな行動をとればいいのかについて考えさせます。
　「運動会が終わった後に，どんな自分になっていたいですか？」
　　・早く走って100mで１位になる　・何事も全力を尽くす人
　「そのためにはどうしたらいいですか？」
　　・毎日，練習をする　・手を抜かずに，仕事をする
　「今の気持ちを忘れないようにね」
　決意表明を作文や短冊に書かせて教室に掲示してもいいでしょう。

3 次の学習へ向けてモデルを紹介する

　「今日の運動会練習でとっても頑張っていた人がいるんだけど，だれだと思いますか？」「だれか，今日とても頑張っていた人に気付いた人がいますか？」と，みんなで取り組んでいる活動の中で頑張っている人に目を向けさせます。頑張っている人が見える子どもは，その姿をモデルに頑張り始めます。他の人の頑張りが見えていない子どもには，そうあってほしいモデルを紹介します。

予防のポイント

　学校行事は，子どもたちの力を高めるチャンスです。あらかじめ，この行事が何のためにあり，どんな自分に変わりたいのかをイメージしておくことが大切です。高学年として，自分たちで運動会や学習発表会を作っていくんだという気持ちをいかに持たせてから学習に入るのかに力を注ぎましょう。

2 運動会で自分たちから動けない

運動会の練習をしていて自分たちから進んで動けません。
種目練習での移動やそれぞれの役割の仕事など先生の指示がないと動きません。動きが遅く何となくだらだらとした感じになっています。あと少しで運動会本番なのですが。

これで解決！

- 運動会は，種目だけではないことを伝える
- 教師が出ない方がカッコいい
- これまでの成長を運動会で見せる

1　そもそも運動会は何をするのか

「運動会はなぜ要るのですか。なぜするのですか」と子どもたちに問いかけてみましょう。きっとリレーや綱引きといった種目をすることではないことに気付くはずです。教師が事前に職員会などで確認する「運動会実施計画案」に書いてある目標も子どもたちの口から出てくるはずです。協力する力，助け合う力，精一杯頑張る力，下級生に優しくする力，アイデアを出す力など様々なつけたい力が出ます。これらを学年で共有し，自覚させたうえで運動会に取り組みましょう。

2　児童中心の運動会にする

　高学年になると運動会での運営の仕事が加わります。用具係，放送係，決勝係などです。特に校庭の前に出る用具係でさえもできるだけ子どもに任せましょう。運動会も児童会を中心にみんなで作り上げるものという意識で動くのです。教師も子どもの姿が多く見えるように心がけます。

3　運動の大会ではなく，これまでの成果を見せる「運動発表会」という意識を持たせる

　運動会は単に優勝を目指す運動の大会ではなく，運動を含めた高学年の動きを見せる発表会だという意識を持たせます。応援席での姿，応援席から競技召集場所までの移動の姿，競技中の姿，競技を終えて帰る姿，すべて発表会の一部なのです。勝った負けただけではない動き一つ一つも運動会なのです。

予防のポイント

　運動会当日の子どもの動きは，それまでの指導にかかっています。運動会の子どもの動きでキチッとした印象を与える場が開会式や閉会式の所作です。表彰式の動きはどの色が1位になるか分かりません。あらかじめだれが，賞状を受け取りに出てくるのか様々な場合を想定して練習させておく必要があります。特に6年担任になった場合は，学校の全体練習とは別に開会式・閉会式の所作の練習をしておきましょう。

3 委員会の当番活動をやらない

委員会の話し合いの時に当番活動がきちんとできているかどうか反省を行いました。すると一部の子が決められた当番活動をしていないことが分かりました。
高学年として決められたことですので，きちんとやらせたいです。

これで解決！

- 知っていてやらないのか，知らずにやらないのかを確認する
- 当番じゃなくてもできるのが最高だと気付かせる
- 気持ちを汲む

1 「やらない」ことには2つの種類がある

　図書の貸し出し当番や体育館のボールの空気入れなどの当番活動は委員会でやらないと学校全体が困る活動です。ですから責任を持ってやる意識が必要です。ただ，怠けてしまうのは原因があります。そもそも知っていてやらないのでしょうか，知らずにやらないのでしょうか。
　委員会の時間に下の表を黒板に書きます。

当番を	やる	やらない
知っている	①	③
知らない	②	④

「③と④はどっちがいけない？」と聞きます。やらないのはどっちもいけ

ないに決まっているのですが，あえて聞くとそれなりの理由が出てきます。④の知らなくてやらないのは，忘れているわけですから教えてあげれば済むことです。忘れやすい人はしつこく教えてあげましょう。③は知っていてさぼっているわけですから，いけないことのダブルパンチです。その日のうちに必ずやらせます。

2　やる場合にも２つの種類がある

　①と②はどちらが素晴らしいのでしょうか。これも子どもたちはいろいろな意見を出すので聞くだけでもおもしろいです。①は考えようによっては決められたことをこなしているだけにもとれます。それに対し②は自分から進んで行っていることになります。当番じゃなくても気付いたらやるような子どもを育てていきたいですね。

3　忘れた子の言い分を聞く

　当番活動を忘れた子を呼び出す段階ですでに怒られると警戒しています。実際にいけないことは分かっているのです。そこであえて「何か理由あった？」と聞いてみます。他の学級の子どもなら「宿題を忘れて休み時間やらされていた」「体育館が使える日だったからつい遊びに行った」などの話を聞き出すこともできます。共感しつつ「それでも当番だからね」と話すだけで怒鳴る必要はなくなります。

予防のポイント

　高学年になると休み時間もいろいろな活動で埋まってしまいます。せっかくの休み時間も遊べない日だって出てくるのです。ですからあらかじめ当番をする日に何か他のことが重なっていないか確認しておきます。また，忘れやすい子どもには「忘れにくい日はいつ？」「だったら月曜日にしようか」と最初に決めたり途中で変えたりしてもいいでしょう。

4　集会活動が上手に運営できない

> 委員会の活動報告を行う児童総会や児童が中心になって行う児童集会を上手に運営することができません。
> いつも先生の助けを借りて進めてしまいます。

これで解決！

- リハーサルを行う
- 質疑応答や子ども役もやってみる
- 困った時の安心感を与える

1　リハーサルを行い，あらかじめ指導をしておく

　6年生になると各委員会の委員長が集まっての児童総会を学期に一度程度行う場合があります。児童総会じゃなくても集会活動で司会や運営を任されることがあります。上手に運営する秘訣はリハーサルを行うことです。あらかじめ本番と同じように流れを確認し，セリフも言うのです。ここで不十分な場所をあらかじめしっかりと指導しておきます。

2　下級生だったらどんな質問をしたり，どんな動きをしたりするか予想する

　児童総会であれば，質疑応答なども予定されています。委員長だけでなく，

委員長以外の子どもには下級生の役をさせます。質問を言わせ，それに応える練習もします。慣れてくると，わざと意地悪な質問も出させます。子どもから意見が出ない場合は，先生自らが子ども役として質問をします。児童の集会活動ならやんちゃでなかなか言うことを聞かない子ども役なども作っておくとその対応の仕方をみんなで学ぶこともできます。そして自分たちがそんな行動をしてはいけないのだということも学習します。

3　いざという時は先生が横にいる

　子どもたちだけで集会活動を行うことが理想です。しかしなかなかうまくいかないこともあります。そんな時「いざとなったら体育館の横にいるからSOSサインを出してください。助けてあげます」と伝えておきます。実際はうまくいかなくても何とか自分たちで進めようとするので先生が前に立つことはありません。総会後に「先生に頼らず上手に進めることができたね」とほめてあげましょう。

予防のポイント

　児童総会や集会活動は5年生の時にあらかじめ「6年生になったらあの場にいるんだよ」と話をしておきます。6年生になったら全員に集会活動の流れや見通しを持たせます。「困ったら先生が助けてあげるけど，カッコいいのは自分たちだけで進めることだね。そうすると下級生が『すごい！　さすが6年生』って思ってくれるよね」と話しておきます。

5 遠足や修学旅行できちんと行動できない

間もなく修学旅行（集団宿泊的行事）があります。普段の子どもたちの様子を見ていて，ちゃんと行動できるかどうか心配です。普段から集合態度が悪く，集まっても私語が多いです。
実際の社会に出て迷惑をかけるのではないかと不安です。

これで解決！

- 常に見られていることを伝える
- 自分よりも集団を優先させる
- 修学旅行後はどんな姿で帰ってきたか確認する

1　学校で学んだことが使えるかどうか確認できる場

　遠足や社会見学，修学旅行など外に出る場は，学校で学んだ生活態度（道徳）が本当に使えるかどうか試す場でもあります。外に出れば，○○小学校という看板を背負って過ごすのです。見学先だけでなく，宿泊先での過ごし方や休憩時間でさえ見られているのです。学校として，そして一人の人間としてその行動が見られているのだと伝えておきます。

2　集団行動を優先させる

　学校と大きく違うのは集団行動だということです。家族旅行なら自分の行動に合わせておうちの人が変えてくれますが，学校行事ならそうはいきませ

ん。常に集団を意識させます。あらかじめ修学旅行に行く前に集団行動を意識づけるための日を設けてもいいかもしれません。「ここで守れないなら参加できない」と言い切るくらいの強い指導があってもいいでしょう。

3　何を学ぶのか明確にしておく

　何となく修学旅行に行くとなると態度もいい加減になりがちです。あらかじめその日は何を学ぶのか，意識させます。日記を書かせることはよくあるようですが，私はあらかじめその日の出来事について五七五七七の短歌を作らせ，寝る前に持って来させます。短歌ですからいい加減に書くわけにはいきません。修学旅行中もいろいろと学んだことと短歌が頭をよぎっているようです。また，修学旅行後にクイズを出すこともあります。「修学旅行先で真剣に聞いていないと分からない問題を出すからね」と話しておくことで緊張感が高まるようです。また，修学旅行はおうちの人にお金を出してもらって旅行に行ったわけです。
「修学旅行前と後では何が成長できたのか」自分で言えるように話しておきます。

予防のポイント

　遠足や修学旅行（集団宿泊的行事）は非日常の世界になります。この場では普段とは違う子どもの姿になります。落ち着かなかった子どもたちが実はおとなしくいい姿をしていたり，普段はおとなしいのに，テンションが上がってしまったりします。その時はその時，というつもりでほめたり叱ったり指導すれば大丈夫です。指導したから安心というものではありません。

6 卒業式の練習中,態度がよくない（5年生）

卒業式に向けて練習が始まりました。5年生の練習の態度がよくありません。姿勢が崩れたり隣の子どもと話をしたりします。
卒業式が心配になってきます。

これで解決！

- 来年の自分たちはあそこに座っているんだと自覚させる
- 伝統のバトンが受け取れるかと話す
- 場所を変える

1　来年の卒業式の姿をイメージさせる

　5年生にとって卒業式まで1年あります。6年生と接点があり感謝の気持ちを持っている子どもはお別れの式に臨む心構えができています。しかし，接点のない子どもにとっては他人事です。そうはいっても来年は卒業生の座っているあの場所にいるのです。その姿が見られるのは今年が最後。「君たちはあそこに座っているんだよ。あそこにどんなふうに座っているか自分の姿が想像できますか？」と問いかけます。

2　君たちの姿はそれでいいのか

　6年生が卒業すると次は5年生が最高学年になります。そこでこんな話を

します。「毎年ここで6年生から君たちに最高学年のバトンが渡されるのです。その時に今の姿でいいのですか？ その姿で受け取るのですか？」「今まで素晴らしいこの学校を作ってくれました。君たちの今の姿だと，この学校のレベルを落としてしまうのではないのですか？」6年生は卒業に向けて頑張ってきました。それに対応できる姿で迎えましょう。

3　場所を変えて緊張感を持たせる

　練習中，あまりにも話をしたり他の人に迷惑をかけたりする場合は「ちょっとおいで」と体育館から出します。特別厳しい言葉をかける必要はありません。「なぜ呼ばれたか分かりますか」と聞くだけでかまいません。自分の行為に気付いていればこれから気を付けるよう伝え，戻します。中には自分の姿に気付いていない子どももいます。そんな時は「周りが迷惑をしています」とズバリ言います。また「〇〇君と□□君，場所変わって」と迷惑をかける子どもの席を変えていきます。なぜ場所を変えられたのか考えるはずです。

予防のポイント

　5年生には「6年生ってさすがだね」と学校行事など事あるごとに話します。5年生もいいところはいっぱい。でも，6年生になると学校全体を考えているのだという点で次へのすてきなイメージを植え付けておきます。本当はちょっと頼りない6年生の時もありますが，それでも6年生のよさを伝えておきます。「君たちも6年生になったらもっと素晴らしい学校を作ってくれるはず」という未来を常に語ってあげましょう。

7 卒業式に向けた雰囲気が高まらない（6年生）

いよいよ卒業式が近づいてきました。小学校のまとめとして卒業に向けて気持ちを高めていこうと思っているのですが，なかなか子どもたちの雰囲気が高まりません。
卒業式に向けて意識を高めたいのですが。

これで解決！

- 子どもの頭は中学校にあり
- 未来を語る
- 過去どれだけの先輩がいるのかを意識させる

1　小学校のまとめよりも意識は中学校

　卒業式を控えた6年生は小学校のまとめよりも，中学校に行ったら何をしようかを考えています。ですから教師の意識と子どもの意識にズレが生じやすいのです。中学校のスタートダッシュのために今，何をすべきかを考えさせましょう。

2　もう一度出会った時に今の教室を覚えているか

　卒業式への意識を高めるためにも未来を語ります。例えば，学活で同窓会の予定を決めてもよいでしょう。また，未来の自分を想像しながら20年後の今日の日記を書かせてもいいでしょう。もしも同窓会をした時に，6年生の

3学期にみんなでどんなことをしたのか，どんな歌を歌ったのかを覚えていられるような生活を送らせてあげることこそ，自然に卒業式への意識の高まりになります。

3　卒業証書の意味を考えさせる

　実際に卒業式でもらう卒業証書の文言について授業を行います。卒業証書には番号が書かれています。この番号はその学校ができてから何人が卒業したのかを示します。今年の6年生が卒業するまでに何人の先輩たちが卒業しているのか，その数を意識させます。その卒業生の一員として君たちも中学校に行き，社会に出て行くのだということを話します。卒業式の呼びかけや歌，そして校歌も，在校生や保護者，地域の人だけでなく，卒業していった先輩たちの仲間入りをするんだという意味も込めて取り組ませます。

予防のポイント

　ここでも卒業式はなぜ要るのかを問います。卒業するだけなら，教室で卒業証書を渡すだけでかまいません。なぜわざわざ授業時間を使って練習をするのでしょうか。卒業式こそ最後の発表会。今まで学んだことを姿形として示します。また「型」をきちんと学ぶのは卒業式だけです。形式をきちんと学び，「型」にはまり，「型」を超えていく大切さを教えます。

Part4　生活態度の指導場面―困った時の解決策と予防のポイント

1　うそや言い訳ばかりする

約束や決まりを破ったことについて指導をする際に
「だって，○○くんがやろうって言ったから……」
「ぼくだけじゃない……」
といつも言って責任を人のせいにする子がいます。

これで解決！

- うそをつくといけないことが1つ増えることを教える
- 「君は」を意識して問いかける
- 正直になるって難しいことだと伝える

1　叱られることを極端に恐れている

　いけないことをして叱られることはある意味仕方のないことです。しかしうそをつくことを極端に恐れ，うそをつくことによって，自分の責任を軽くしようと考えるようです。「うそをつくと，その分いけないことが増えるよ。叱られることも1つ増えてしまうんだよ」とうそをつくこともいけないことだと教えます。さらにうそを貫き通そうとするのならば，「だれかが君のしたことを見ているかもしれないね。みんなに聞いてみようか。でも，君がもっといやな思いをするかもしれないよ。どうする？」と追い詰めます。やってしまったことは仕方のないこととして，きちんと謝るということを教えないといけません。

2　自分の言葉で語らせる

「君は何をしたの？」「君はどう思ったの？」「君はこれからどうしたらいいと思う？」と，「君は」「あなたは」と相手を明確にして問いかけてあげましょう。答える方は「ぼくは……」「私は……」という話し方になります。トラブルも自分のこととして考えさせます。

3　言い分も聞いてあげる

明らかにうそや言い訳だと分かっていて，その子どもがうそをつき通すのなら，それに乗っかってみましょう。時間をかけたからといって本音を言うとは限りません。その代わり，「君がそういうのなら，そういうことにしておこう。ただ……人間って正直になるのは難しいものなんだよなぁ」と浴びせます。きっと本人もうそをついているのは分かっているはず。次，本当のことを言えるように「実は本当のことを先生は知っているけれど」というニュアンスを持たせておきます。

予防のポイント

問題行動の指導をすると，すぐに謝ることができる子どもがいるかと思うと，なかなか自分の非を認められない子どももいます。こういう子どもは，いつも同じような言い回しで逃げようとしています。責任を友だちになすりつけようとしたり，巻き添えにしようとしたりするため，周りの子どもとの関係も悪くなっていきます。こういう逃げ口上を使う子どもには，できるだけ早期に自分自身の責任を明確にさせる指導をしないと，次第に指導が入りにくくなってしまいます。子どもの発する言葉も行為・行動の1つです。素直に反省の言葉が出せているかどうかを見極めましょう。

2 男の子同士がとっくみ合いのけんかをした

> 休み時間，遊んでいてとっくみ合いのけんかが始まりました。周りが止めてもおさまらないので，周りで見ていた子が職員室にいた私を呼びに来ました。どうやら遊びの中で何かを言った，言わないのトラブルになり，片方が手を出したようです。それに応戦する形でとっくみ合いのけんかになりました。普段は仲良しなのに……。

これで解決！

- まずはクールダウンをさせる
- 「何があったの」と片方ずつ聞く
- 「何が悪かったか分かるか？」と考えさせる

1 とにかく落ち着かせる

　けんかが起こると周りの子どもたちが集まってきます。当事者もさらに興奮してしまうこともあります。周りの子どもたちから2人を離し，保健室などの別室でまずは落ち着かせます。いきなり話を聞いても興奮状態ですので口げんかと同じ状態になってしまいます。お互いの息が整うまで質問をするのを待ちます。ケガをしていた場合は，この間を使って手当をしてあげます。

2 片方ずつ状況を説明させる

　まずは「2人一緒に話を聞いていい？　それとも別々がいい？」と2人同時に同じ場所で話をしていいかどうかを確認します。事情によっては個別に

聞いた方がいい場合があります。2人同時でもいい場合は、「どっちからにしようか。○○君からでいい?」と片方ずつ「何があったのか教えて」と聞きます。きっかけや原因を直接聞かなくても状況を説明させるだけで大丈夫です。途中、相手が口を挟みそうになっても「今は○○君の番。言いたいことは次にしっかり聞くからね」と遮って最初の子の言い分を言わせます。言い切った後、もう一人の言い分を聞いてあげます。ここでそれぞれの言ったことに食い違いがあれば「○○君はこう言っていたけど、どう?」などと確認します。ただし、口げんかになるようであれば「だれも見ていないからそこはそれぞれがそう思ったということだね」と落ち着かせます。

3 やったことを自分で振り返り,見つめさせる

子どもの言い分がひと段落したら、それぞれに「何が悪かったか分かるか?」と問いかけます。「悪口を言ったこと」「先に手を出したこと」「手を出されたからやりかえしたこと」「周りのみんなに迷惑をかけたこと」などが出てきます。自分の口からこうした言葉が出てくれば大丈夫です。喧嘩両成敗として、この件はここで終え、落ち着いたら教室で普通に授業をします。

予防のポイント

「喧嘩両成敗」という話をけんかがあった時にしておきます。けんかは理由がどうあれ、両方が悪く処罰されるということです。集団で生活していれば時にはけんかをすることもあります。でも、暴力はぜったいにいけません。した方はもちろん悪くなるし、仕返しをしたらその人も悪くなります。ただし「けんかするほど仲がいい」ということわざもあります。上手な関わり方を教えていきます。

3 朝自習に静かに取り組まない

> 朝自習に子どもたちが騒いでいて，なかなか静かに取り組みません。一生懸命頑張っている子どもの邪魔になってしまいます。
> 本当は，一緒に見てあげればいいのですが，職員朝礼が入っています。

これで解決！

- できている子どもを素晴らしい！とほめる
- できるかどうかを問う
- 自習の仕方を教える

1 適切な行為に目を向ける

　学校は本来，教師がいて指導する場です。それにもかかわらず，自分たちだけで学習に取り組むことができるというのは，実はとても素晴らしいことなのです。自主・自立の力がついています。そのことをきちんと子どもに伝えましょう。

　「素晴らしい！　これだけ大声で迷惑をかけていた人たちがいるにもかかわらず，きちんと自習ができているなんて。まさに高学年の力がついています。君たちは先生がいちいち静かにしてなんて言わなくてもできる一人前の高学年ですね」

2 騒いでいる子どもには，自習ができるのかどうかを問う

　高学年として，一人でできるかどうかを聞きます。
　「ところで君たちは何をしていたの？」　⇒遊んでいました。
　「君たちは一人で自習ができる？」　⇒できます。
　「やり方が分からなかったら，教えますよ」　⇒知っています
　「知っていることと，できることとは大きな違いです」　⇒はい
　「明日の朝自習はその言葉を期待しています。できないなら遠慮せずに言ってください。低学年のように教えてあげます」
　念のため，次の自習の前に「今日はできるかな？」と問いかけておきます。できたら「なんだ！　できるじゃない！」とほめてあげましょう。

3 自習とは何かを考える

　「自習をしなさい」と言っても，そもそも自習とは何をしていいのか分からない子どもがいます。そのため，あらかじめ「自習とは何か」「どんなことをすればいいのか」を子どもに考えさせ，実際に自習の練習もさせます。
　漢字練習，計算練習，読書……。子どもたちから出てきた自習メニューをみんなで共有します。そして「一人で，静かに，自分の席で」を守らせます。この力が自主学習への土台となります。

予防のポイント

　静かに自習ができるということは，とても大事な高学年の力です。急な来客や電話，具合の悪い子どもの対応など「自習しておいて！」と指示する場面はあります。まずは，プリントを配布し，それがきちんとできるかどうかを見極めます。指示された内容ができるようになったら，「プリントが終わった人から自習」へ。それも全員ができるようになったら「最初から自習」へ移行していきます。自習の時間を少しずつ増やしていきましょう。

4 落とし物が多い

教室に鉛筆や消しゴムなどの落とし物がいつも落ちています。
だれのか聞いても持ち主が現れません。もちろん名前も書いてありません。
だんだん「落とし物入れ」に物が増えてきています。

これで解決！

- 名前を書く時間を作る
- 落とし物入れや落とし物係を作らない
- 教師の大切にしているもののエピソードを語る

1 定期的に書く時間を設ける

名前を書く時間を定期的に設けます。落とし物の大半は筆箱の中身です。筆箱の中身にまずはきちんと名前を書きましょう。月に一回程度，筆箱の中を一度全部出し，書いたものから入れていきます。

名前は，落としてしまっても拾った人が分かるように，だれが読んでも分かってもらえる字で書かせましょう。

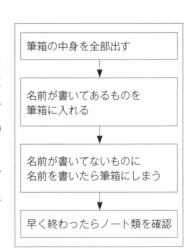

2　落とし物はすぐに処分する

　教室に落とし物入れを作っておくと，なぜかたくさんにあふれかえります。それを見て持ち主がすぐに現れることはありません。むしろゴミ箱のような状態になってしまいます。ですから教室に落とし物入れは置きません。落とし物はすぐに聞いて解決してしまいます。持ち主が現れない場合は「ごめんなさい。かわいそうですが処分します」と言い切ります。物によって実際に捨てたり，教師が保管し参観日に「落とし物です。心当たりはありませんか？」と提示したりします。もちろん落とし物係は必要ありません。

3　物を大切にする感謝の心を持たせる

　落とし物といえども，最初は新品。買ってもらった時は新鮮な気持ちだったはず。落とし物に気付かないのは，1つの物を大切にしない心の表れです。これまでのご先祖様は長く大切に使う心を持っていたはず。自分が学習するために役立ってくれている物への感謝の心に気付かせたいものです。教師の長く大切にしているものを見せて語るなどしてもよいでしょう。

予防のポイント

　高学年だから自分の持ち物くらい名前がなくても分かると思いがちです。しかし，実際は低学年の頃からおうちの人に名前を書いてもらっていた子どもも多く，自分のものに名前を書くという経験が実はありません。その現実が落とし物の多さです。だれが拾ってもすぐに返せるように名前をきちんと書かせましょう。配布物にすぐ名前を書かせることができるように名前ペンは筆箱に必携です。

5 机やロッカーの中が散らかっている

机やロッカーがとても汚い子どもがいます。机の中もロッカーの中も前のプリント類がぐじゃぐじゃに突っ込んであるようです。
学習に必要なものがすぐに出てきません。
ロッカーはみんなからも見えるので，見た目も悪いです。

これで解決！

- 机の中は，その日か毎日使うものだけを入れる
- ロッカーの場所変えを行う
- 週末の整理・整頓で気持ちよく月曜日を迎える

1 なぜ，整理・整頓が大事なのかみんなで考える

　なぜ，整理・整頓ができている方がいいのでしょうか。子どもに問いかけてもきちんと答えてくれます。次の学習の準備が整いやすいですし，準備がすぐにできると，心に余裕が生まれます。当然，先生から注意されることも少なくなってきます。まずは机の中に入れるものとロッカーに入れるものを分けてみましょう。その日使うものや毎日使うものは机の引き出しに入れておきます。それ以外のものはロッカーに移動させます。すると，帰る時の机の中は，明日使うものしか残されていないはずです。一週間，まずは徹底してみましょう。

2 ロッカー内の置き場所も指示する

　ロッカーなど目に見えるところが散らかっているのはあまり印象がよくありません。定期的に片付ける時間を設けます。その際，一回全部ロッカーの中にあるものを机の上に移動させるなど空っぽにすることが大切です。高学年であっても，散らかっている子どもには，ロッカーに置く荷物の場所は指定してあげます。また，私の学級では，ロッカーも席替え同様，定期的に場所変えを行います。一番下の子どもは，次は一番上の場所に，という具合にローテーションで移動します。場所を変えることによって自然と整頓もできるきっかけができます。

3 週に一回は整理・整頓する時間を設ける

　実際に定期的に整理・整頓をする時間をとります。私は週末の金曜日の帰りの会に行います。一週間の乱れを正して，月曜日に気持ちよく学習を始めたいからです。また，机の中や学級みんなで時間を設けることで，散らかっている子どもも一緒に片付けをします。ここで個別に整理・整頓の仕方を教えてあげてもいいでしょう。

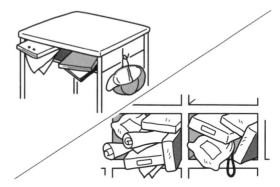

予防のポイント

　整理・整頓にあたって，教師も一緒に教室の机の上や戸棚，引き出しの中を整理・整頓しておきましょう。子どもにはきれいにすることを伝えても，肝心の教師の机の上が散らかっていては，説得力がありません。整理・整頓する時間を設けた時は，教師自身も整理・整頓している姿を見せておきましょう。

6 トランプを勝手に持ってくる

子どもが勝手にトランプを持ってき始めました。最初は雨が降って外で遊べない日もあるので，いいかなと思っていましたが，だんだんUNOやカードゲームに広がってしまいました。

これで解決！

- 学校の決まりを確認する
- 子どもの気持ちを聞いたうえで，毅然と対応する
- 約束を自分たちで考えさせる

1 学校の決まりを確認する

まずは，学校の決まりを確認します。学校の決まりがどうだったかを確認したうえで，子どもたちの意見があることを受け止めましょう。高学年になると，学校の決まりよりも自分たちの決まりを勝手に作り始めます。「トランプを持ってきている人がいるって聞いたけれど本当？」「どうして？」と子どもたちの考えを聞いておきます。ここでうそをついたり隠していたりするようでしたら，いけないこととして認識しているので「やめようね」と伝えてしまえばいいでしょう。梅雨や冬の過ごし方について，どうすればいいのかを考えてはいるものの，学校全体のことや使い方についてのことは意識が向きにくいものです。

2　持ってきてはいけない場合の対応を考える

　子どもたちの意見を聞いたうえで，「ただし，学校の約束で持ってきていけないとなっていますので，この教室だけOKというわけにはいきません。今日でやめてください」と毅然とした対応を示しましょう。ただし「冬に遊ぶことがなかなかできないということなので，教室用として準備できるか先生たちで相談してみましょう」などと妥協案を示すことはできるかもしれません。その際も，あくまで「学校全体」としてどうするのかを意識させます。

3　持ってきてもよい場合のルールを決める

　持ってきていい場合もきちんとルールを決めさせておきましょう。高学年にもなるとルールを決めることを通して集団自治の力もつけさせたいところです。このことをきっかけに学級会などで話し合わせるとよいでしょう。

例：「議題：トランプを持ってきた時のルール」

・トランプに名前を書く　　・休み時間以外は使わない

・貸し借りは禁止！　　　　・仲良く使う。仲間外れはしない

・校庭や体育館が使える日は使わない

・約束を破ったら禁止！

予防のポイント

　梅雨や冬になると，天気の悪い日が多くなり，室内で過ごすことも増えてきます。そんな時，子どもの持ち物に変化がうまれがちです。トランプやUNOといったカードゲーム類です。子どもから「○○持ってきていいですか？」と聞いてくる場合はまだいいのですが，こっそりと持ってきて遊んでいた場合，様々なトラブルのきっかけになります。これをそのまま見逃すとトランプだけでなく，学校生活に必要のないものを持ってくることにもつながります。学期初めや気付いた時に早めに対処しましょう。

7 給食がなかなか食べられない

> 給食の残飯が多くて困っています。
> 同じ量だけ盛り付けているのに，時間内に終わらない子どもやいつも残してしまう子どもがいます。
> 給食を作ってくれた方に申し訳ない気がしています。

これで解決！

- 残飯の総量を減らす
- 自分で量を調節させる
- 感謝の気持ちは持ちながら残す

1 教室分をみんなで残さずに食べてみる

　教室に届く給食の量は人数を考えて調節してあります。給食費も全員同じ値段を払っています。まずは，全員に同じ量だけ配膳するのが原則です。そのうえで，残った給食をみんなで分け合いましょう。「残っているけれど，欲しい人いますか？」「これが一個残っているけど，分けられないからじゃんけんね」などと減らしていきます。また，自分から残っているご飯や汁をおかわりすることに抵抗のある女子もいますので，先生が食管を持って「欲しい人！」「〇〇さん，早く食べ終わっているけどどう？」と声をかけて入れてあげます。先生から直接入れてもらえるとなると食べる子どももけっこういます。

2 食べられる量に減らす

「食べるものの中で，どうしても食べられないものがある人は，あらかじめ減らしておいてください。その人の嫌いなものは，他の人にとっては大好物かもしれませんから。最後に残すともったいないでしょう」このように言い，子どもが自分で減らします。「なんでも減らしていいですよ」と言うと，一気に減らしすぎるので，「最初は給食の中から1つ」とか「減らしたら後でデザートじゃんけんに参加できない」などとしておくと減らしすぎることにはなりません。

3 「作ってくれた人，ごめんなさい」という気持ちをもつ

どうしても給食の時間内に食べられなかった場合，一言「作ってくれた人，ごめんなさい。こんな気持ちで残飯入れに入れてください」と伝えます。中には実際に声を出す子どももいます。作ってくれた人もいるし，食器を洗ってくれる人もいます。残飯を捨ててくれる人もいます。給食の向こう側にどんな人がいるのかを話してあげましょう。

予防のポイント

給食の指導は，学校や地域，担任の先生によって様々な考え方があります。学校の方針に従うことは当然ですが，無理やり嫌いなものを食べさせたり，給食の時間を過ぎて（時には掃除の時間まで）給食を食べさせたりするのは問題です。大切なのは，作ってくれた栄養士さんや調理員さんへの感謝の心です。アレルギーや体調不良など一人一人の対応も求められている時代ですので，何を，どのくらい食べることができるのか，高学年なら自分で決めることができる力をつけさせたいです。

8 トイレのスリッパがそろわない

> トイレのスリッパがそろっていません。
> 休憩時間を終えて，高学年が使うトイレの様子を見ると，スリッパをぬぎ散らかしたままです。向きもそろっていません。
> 次に使う人のことを考えてほしいものです。

これで解決！

- 「スリッパよ〜し！」とかけ声をかける
- スリッパがそろっているか確認してこさせる
- あらかじめ指示を出す

1 トイレを出る時を意識させる

　トイレを出る時に一度確認させます。「確認しましょう」と言うだけではなかなか効き目は薄いです。ですから，次のように言います。
　「先日，東京へ行ってきました。駅のホームで電車が出発する時に駅員さんが『前よーし！　後ろよーし！　出発〜！』と声を出していました。きっと，お客さんだけではなくて，自分自身にも確認していたんだろうと思います。そこで，トイレを出る時に，『スリッパよ〜し！　出発〜！』と言ってみてください。きっとスリッパはそろいますよ」
　休み時間など子どもから「スリッパよ〜し！」と楽しそうな声が聞こえてきます。その声が聞こえたらしっかりほめてあげましょう。

2 トイレに行く時に一言かける

　授業中に「トイレに行かせてください」と言う子どもがいます。帰ってきたら「スリッパそろえてきた？」と声を書けます。子どもによっては「あっ忘れた。もう一度行ってきます」とやり直してきます。また，行く前に「スリッパがそろっているか確認してきてね」と伝えておきます。帰ってきたら「どうだった？」と聞きます。「散らかっていました」と言った場合，「それでどうした？」と問うと，「全部そろえました」と言うはずです。しっかりほめてあげましょう。もし「そのままです」と言ったら……「ごめん，君のせいじゃないけどそろえてきてくれるかな？」とお願いしましょう。このやりとりが他の子どもへの意識づけになります。

3 枠を設ける

　トイレのスリッパをそろえておくための四角囲みの枠を書いておきましょう。書けない場合は白のビニールテープで作っておきます。枠があると，自然にそろえたくなるから不思議です。

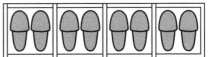

予防のポイント

　私はいつも，そろっていた時の状態を見て「さすが高学年だね。トイレのスリッパがそろっていたよ」「次に使う人のことが考えられるのは高学年だからだね」とちょっとした時間に話をします。トイレのスリッパがそろっていた方がいいという価値観を注意せずに教えるのです。
　トイレのスリッパは不特定多数の人が使うものです。自分のことがきちんと整理・整頓できない子どもにとって他者のものまでそろえるのはレベルがちょっと高いのです。ですからまずは，昇降口の自分の靴をそろえることから始めます。学級全員が昇降口の靴がきれいにそろえることができてから，スリッパの指導に入ります。

9 教室からの移動がうるさい

体育館や理科室など教室から移動する際に，ろうかを静かに歩けません。時間帯によっては他の教室の迷惑になってしまいます。

これで解決！

- いい音をさせて歩く
- 移動の形を示す
- あらかじめ指示を出す

1　音に注目させる

移動する時の音に問題があります。ですから，
「いい音をさせて歩きましょう」
と指示を出します。
　ここでのいい音とは，音のない状態です。それをあえて「いい音」と表現するのです。実際にはひたひたと足音はしますが，静かに颯爽と移動する音はいい音に感じます。

2　どんなふうに移動するかを示す

　年度の最初は移動の仕方を教えます。低学年なら教師が先頭に立って並ば

せく「出発します」と合図をかけて移動することがあります。さて，高学年ならどうでしょうか。子どもたちに「自分たちだけでできる？」と問いかけます。きっと「できる」というはずです。「だったら，どのように移動すればいいか分かりますね」と念を押します。列を作るにしても，ばらばらで移動するにしても迷惑をかけてはいけないことに気付かせるのです。上手にできたら，その移動の形が続くようにみんなで確認しましょう。

3　教師の指示を考えさせる

「今から，図書館へ行きます。ところで，先生が何を言うか分かる？」

- ・しゃべらないように　　・他の教室の迷惑にならないように
- ・走らない　　　　　　・歩きましょう

「さすが！　高学年として分かっていますね。それでは，高学年としてふさわしい移動をしてください。勉強している学級の人たちがさすが高学年と思うような移動をしてみましょう。

予防のポイント

　教室から一歩でも外に出ると，そこは「武者修行に出るようなもの」と子どもたちには伝えています。教室で教師から教わったことがきちんとできるかどうかを試す場なのです。外で自分の実力を試すために「どうぞ，行ってきてください」と送り出します。教室から外に出る時の心構え1つで変わります。

10 保健室によく行く

授業中や休み時間，よく保健室に行く子どもがいます。
本当に具合が悪いとも限りません。
授業中にもよく行くので，学習の進度も心配になります。

これで解決！

- 保健室には行かせてもよい
- 統計をとってみると，原因が見えてくる
- 大丈夫！大丈夫！と送り出す

1　その子の心が落ち着く保健室

　保健室によく行く子どもは，保健室が心の居場所になっていることがあります。保健室に行くことによって，ほっとする状態を作っているのでしょう。無理に行くのをやめなさいというよりも，「具合が悪かったら保健室行っていいよ」「最近，保健室よく行っているけど，保健室の先生と話してくる？」などと先に声をかけるくらいでも十分です。養護教諭とも連携しながら，その子どもの不安がどこにあるのかを探ってみるといいでしょう。

2　統計をとってみる

　保健室によく行く子どもの中には，授業への拒否感がある場合があります。

「算数が苦手だからいやだな〜」「今日はみんなの前で発表しなくちゃいけないからいやだな〜」そんな日に限って保健室に行きがちになるものです。その子どもがどんな時に保健室に行くのか統計をとってみることで，その子どもの保健室へ行く目的や原因が見えてくることがあります。

3　養護教諭と連携する

養護教諭と連携して，あまりに保健室に入り浸っているようでしたら，「これくらいなら大丈夫！」「熱はないから，授業はできるよ。頑張っておいで」と送り出してもらいましょう。保健室にいることが当たり前になってくると，そこがいやなことの逃げ場所になってしまいます。学級の様子と家庭の様子，保健室での様子の情報交換を行い，子どもに応じた対応を考えていきましょう。いじめられたり不登校だったりする場合はまた別の対応が必要です。

予防のポイント

教室に子どもの居場所があれば，本当に具合が悪い時を除いて保健室には行かないものです。そんな気持ちで学級経営を心掛けてきました。ただし，不登校傾向やいじめられた経験のある子どもにとっては教室以外の落ち着ける場所があることも大事なことです。「困ったらいろんな先生が助けてくれるから，保健室に行っていいよ」と言っています。

ただし，付き添いで行った子どもにはすぐに帰ってくるように言います。「保健室は具合の悪い人が行くところです。健康な人が話をしていると具合の悪い人の邪魔になったり，風邪がうつったりすることがあります」と言います。付き添いの子どもの方がおしゃべりや授業を怠けることを目的にすることがあるからです。

11 校舎内でアメの包み紙が発見された

掃除をしている時，アメの包み紙が特別教室のゴミ箱に捨ててあるのが分かりました。数から考えて何人かが食べていたようです。
用事がない時は入ることのない教室なので，こっそり食べていたに違いありません。

これで解決！

- 正直に言えば許される
- 何か知っている人はいないか聞く
- 見つからなくても，次はしないことが大事と伝える

1　正直に申し出るように言う

　学校全体で関係のないものを持ってこないことを確認します。そのうえで「正直に持ってきて食べたことを言えば許してあげます」と言います。「もしかすると（よく受け取って）おうちで食べたのがポケットに入っていて，それを捨てたのかもしれません。それでも自分がやったというのなら教えてください」と言います。正直に申し出れば「よく言いました。もうしないように」とほめてあげるとよいでしょう。

2　だれかが見ているはずと伝える

　朝の会などすべての教室で「何か知っている人がいたら教えてください」

と伝えます。アメを食べるという行為はまず一人ではやりません。必ず友だちと一緒にこっそり食べています。こそこそと陰で食べるのがいいのです。ですから必ずだれかが見ています。お互いに知らないふりをしていても，アメはにおいが付きますのでたいていだれかが気付いているはずです。また，こういう場合は友だち関係を崩したくない一心で知っているけれど言わない場合があります。教えてくれた子へ「絶対に内緒だから大丈夫だよ」と安心させるなどの配慮が必要です。

3　正直に言わなかったことを厳しく指導する

　食べていた子が分かればきちんと指導します。ここでの指導は正直に言わなかったことについてです。アメを食べていたこと自体はいけないことですが，本人の学校生活の自覚のなさによるものです。それよりも正直に言わなかったことを厳しく指導します。

予防のポイント

　私服で登校する学校の場合，冬のコートなどに意図せず休日に入れておいたおやつが入ってしまっている場合があります。それでも学校は何をしに来る所なのかを知っていれば，そのおやつを食べることはありません。むしろ一言「持ってきてしまいました」と言ってくれる方がうれしいのです。
　アメについては，学校全体で話をします。大切なのは犯人を捜すのではなく，次も同じようなことをしないことや同じようなことをする人を生まないことです。犯人が見つからなくても，予防だと思ってすべての学級で指導しておいてもらいましょう。

12 壁に落書きがあった

> 校舎の壁に落書きがありました。
> 書いてある内容からどうやら高学年のようです。
> 鉛筆で書いてあるようですが，だれが書いたのか分かりません。

これで解決！

- 目につかないように，すぐに消す
- 落書きは人権問題だと話す
- 何か不満を持っている子どももいないか様子を見る

1 人目に触れさせない

　落書きがあった場合，できるだけ子どもたちの目には触れさせません。消せるものであれば教師の手によってすぐに消してしまいましょう。書いた人が特定されて，消すことによってその子に教育的な効果が得られるのであれば消させてもいいのですが，それよりもすぐに消してしまい，落書きの伝染を防ぎます。ただし，証拠として写真は写しておきましょう。

2 学級全体に話す

　落書きがあった事実を話します。
①「一番いいのは，正直に私がやりましたと言ってくることですね」

②「もしも，知っている人がいたら，どんな小さいことでもいいからこっそり教えてください」
③「落書きは，人権問題なのです。犯罪です。絶対にやってはいけません」
　①②③の順で話します。だれが書いたか分かれば一番いいのですが，同じような落書きをさせないことが大事です。

3　非社会的行為が表れていないか感情の様子を見る

　高学年の落書きは，何らかの不満を発散できないはけ口となっている場合や，友だち同士のトラブルによる感情の表現であることが多いです。そんな子どもがいないかどうか様子を見ておきましょう。ただし，落書きは犯罪であり，人権問題なのです。特にそこに人の名前を書くということはいじめと同じです。どんなに不満があってもエネルギーの発散の仕方には許されないことがあることを伝えておきます。

予防のポイント

　小さな落書きがあった時に，アメリカ・ニューヨークでの取り組みを話します。割れ窓理論とも呼ばれ，小さな建物の窓が壊れているのを放っておくと，だれも注意を払っていないということになり，やがて他の窓もまもなくすべて壊されるというものです。落書きも同様にひどくなっていきます。かつて犯罪都市と呼ばれたニューヨークは，治安回復のために落書きを消すところから始め，凶悪犯罪が大きく減ったのです。
　小さな落書きが，大きな事件や学習の妨げになっていくので，最初の落書き1つを書かない・見逃さないことを大切にします。

13 ゲームセンター・ゲームコーナーによく行っている

子どもだけでゲームセンターやゲームコーナーへよく行っているようです。
学校では子どもだけでの出入りは禁止しているのですが，なかなか学校外のことなので指導が難しいです。

これで解決！

- お金はおうちの人のものと話す
- トラブルに巻き込まれる可能性があることを教える
- もっと熱中するものを見つけさせる

1 金銭のトラブルにつながることを伝える

　ゲームセンターやゲームコーナーはお金を使って遊ぶ場所です。お金は子どもが自分で稼ぐわけではありません。おうちの人のお金をもらって使っているのです。そのお金も無限ではありません。友だちが一緒であればお金の貸し借りやおごるおごられる関係が出てくる可能性があります。子どもだけで金銭を使う場なので，無断でお店に出入りして物を買うのと同じ行為なのです。家庭のゲーム機をおうちの人に怒られずに自制できているかどうか子どもたちに聞いてみましょう。なかなか難しいことが分かります。ゲームセンターに行ってもお金がなかったら……。そこで誘惑に負けた時お金の貸し借りなどのトラブルが発生します。

2 恐喝などの被害者にもなる可能性もある

　子どもだけでゲームセンターやゲームコーナーに行くことについては，子どもたちは「お金の無駄遣いがいけない」と思っています。しかし，本当に怖いのはトラブルに巻き込まれることなのです。「ゲームはしない。見ているだけ」と言っても，そこに子どもだけでたむろしていることによって，恐喝や誘拐などの被害者になる可能性があるのです。そのことをきちんと伝えます。

3 暇つぶしに行っている

　そもそも禁止されているにもかかわらず，ゲームセンターやゲームコーナーに行く子どもたちは暇なのです。放課後の時間つぶしのようなもの。そこが居場所になっているのです。そんなところに行かなくてもいいような質の高い学びを提供したいものです。読書の楽しさや自主学習，身体を動かす体験など，いくつか紹介しながら家庭と連携していきましょう。

予防のポイント

　学校でのきまりをきちんと確認します。校区内にゲームセンターや大型店がある場合，担任一人の力では難しいので，ゲームセンターに入り浸っているような状況を生徒指導主任に説明し，協力を仰ぎます。生徒指導主任を通して，お店には子どもだけのグループが来た時への声かけをお願いしておきます。また，時には警察とも連携して見回りを行ってもらうこともお願いしておきます。担任からは，家庭での生活について協力をお願いしておきましょう。

14 学校に来ない（不登校）

> 新しく学級担任になり，不登校の児童を担任しました。
> 学校で姿を見ていません。
> どのように関わったらよいでしょうか。

これで解決！

- 子どもはどうしたいと思っているのかを知っておく
- 親はどうしたいと思っているのかを考える
- 友だちに手紙を渡してもらう

1　子どもの気持ちとこれからを考える

　不登校の原因は様々ですし，本人自体がよく分かっていないこともあります。大切なのは本人がどうしたいと思っているかです。「行きたい」と思っているのか，「別に行かなくてもいい」と思っているのかです。「行きたい」と思っているのなら少しずつステップを考えましょう。担任一人では大変なので生徒指導主任や養護教諭と協力して対応していきます。担任は，いつ，どのような状態で不登校になったのかをきちんと知っておく必要があります。

2　親の気持ちとこれからを考える

　おうちの方はどう思っているのかを聞いてみましょう。「学校に行かせた

い」と思っているのか、「別に行かなくてもいい」と思っているのかです。ほとんどは前者だと思いますが、後者だとなかなか保護者との対応が難しくなります。親によっては公民館やフリースクールなど別の場所を考えている場合もあります。学校に行かせたい場合、親の願いを聞きながら学校に行くためのステップを考えます。まずは保健室、短い時間など学校に行くことを提案します。ただし早急に結果を求めないことです。

3　近所の子どもに手紙をお願いする

教師とはなかなか関わりが持ちにくい子どもも、子ども同士なら会うことがあります。学校の様子を仲のよかった子どもや近所の子どもに伝えてもらいます。今日はこんなことがあったとか、こんな楽しいことがあったといったことを伝えてくれると学校へ気持ちが向くようです。教師の場合、年度当初は熱心だったけど、だんだん家から足が遠のくということが往々にしてあります。それよりも無理なく子どもの力を活用する方がよいでしょう。ただし、これも子どもの負担にならないようにしなくてはいけません。

予防のポイント

かつて文科省の「魅力ある学校づくり調査研究事業」の指定校で研究主任をしていました。この内容は中学校でのいじめ・不登校の未然防止です。ここで分かったことは「学校が楽しい」「授業に主体的に参加している」意識の高い子ども（学級）はいじめの加害者・被害者、不登校になりにくいということでした。すでに不登校の子どもがいようがいまいが、目の前にいる子どもたちとともに精一杯楽しく主体的な授業をすることが予防につながります。

Part5　授業態度の指導場面―困った時の解決策と予防のポイント

1 授業の開始に遅れる

休み時間の後，授業の開始がなかなかそろいません。
待っている子どももいるのですが，全員そろってあいさつをしようとすると，どうしても授業時間が短くなってしまいます。
遅れてきた子どもたちに注意をしていると，さらに短くなります。

これで解決！

- 遅れる子を待たない
- 遅れた時間は後に延ばす
- 次の準備ができた人から休み時間にする

1　時間通りに授業を始める

　授業の開始に遅れるのは，休み時間の活動に盛り上がってしまい時間をつい忘れてしまうためです。チャイムが鳴っていても「少しくらいいいや」という甘えが生じています。「あれ？　まだ男子がそろっていませんね」「かまいません。授業を始めてしまいましょう。日直さん，号令をお願いします」と言ってしまいます。授業をしていると，教室に入ってきた子どもたちがあわてます。子どもの方から「遊んでいて遅れました」と言ってきます。先生は「次から気を付けましょう」と一言言うだけで済みます。遅くなった子どもは次から時間を意識します。

2　45分は授業をきっちり行う

　2分遅れて全員が教室にそろったら「今から45分授業を始めます。終わるのは2分間遅くなるかもしれません」「仕方ありません。授業は45分と法律で決まっているのです。これからはみんなで気を付けましょう」と言い切ってしまいます。

　世の中に出ると「時給800円」という掲示物を見かけます。1時間60分きっちり働いて800円です。社会は時間に厳しいことを教えてもいいですね。

3　次の学習への意識を作っておく

　授業が終わった後に「それでは，3時間目の授業の準備ができた人から休み時間にしましょう」と伝えます。次の時間に何の教科があるのか意識させたうえで休み時間にさせます。次の学習準備が整っている子どもは遅刻することはめったにありません。

予防のポイント

　教師自身が時間を大切にしておくことを伝えます。「できるだけ授業時間は守りたいと思っています。時間を延長することがあっても休み時間は保証してとってあげます。でも，授業の開始に遊んでいて間に合わなかったら，授業は45分行うので休み時間を減らします。だって授業の最初も遊んでいたんでしょう」と言います。教師自身の時間を守る感覚が子どもたちにも伝わると思ってよいでしょう。

2 挙手しない

授業中，同じ子どもばかりが手を挙げてしまいます。
ノートにはいい考えを書いている子どももいるのに，なかなか手が挙がりません。
なんとか挙手できる子どもにしたいです。

これで解決！

- 発言までの3段階を1つずつ上に上げていく
- 選択肢を用いる
- 話す経験を増やす

1 発言までの三段階

意見を発表することに向けて，子どもには次の3つの段階があります。教師はよく，発表する子どもとしない子どもの2つに分けがちですが，実は発表しない子どもはさらに2つの段階に分けることができます。

A段階：意見を持っていて発表できる。
B段階：意見を持っているけど，発表しない。
C段階：意見が持てないので，発表できない。

A段階の子どもを増やすことで授業は活発になるわけですが，C型の子ど

もがいきなりA型の子どもになることはありません。C型の子どもはまずB型に，B型の子どもはA型に，と段階に応じて導いてあげます。挙手しない子どもがB型なのか，C型なのか，まずは見極めましょう。

2　C型の子どもへの対応

C型の子どもには，まず「選択」できるようにさせます。「Aだと思う？Bだと思う？」「①～③のどれが正解だと思いますか？」「今の意見，○かな×かな？」と決めるのです。まずは選択肢の中から決める力をつけさせます。

3　B型の子どもへの対応

B型の子どもは簡単に言うと経験不足です。「恥ずかしい」「間違えるのがいや・こわい」と言います。勇気のなさや過去に笑われた体験などが原因です。これらを取り除いてあげましょう。例えば，ノートに自分の考えたことを書かせた後，全体で発表させる前にワンクッション入れます。隣の席の子どもとペアで，または３～４人のグループで話をさせます。ここで発言できなければ学級全体では話ができません。学級は大きな班・グループだという意識にさせます。全体でも「Aの意見にした人手を挙げて。次，Bの人手を挙げて」と形だけでも挙手する回数を増やしていきます。

予防のポイント

同じ子どもだけが手を挙げる，授業や学級活動が一部の子どもの発言だけで進んでしまう，こんな状況を放っておくと，発表する子どもとしない子どもの二極化がどんどん進んでしまいます。発表しない子どもの中には，「言えるけど，言わない」子どももいます。こうした子どもは「できるけど，しない」という状態です。この状態を許すことは，他の活動でも勇気をもって全力で取り組むことができません。授業中の発言をきっかけに子どもたちの心を鍛えていきたいものです。

3 話し合いに参加しない

> 授業中,発問に対してなかなか話し合いに参加しません。意見がなかなか言えない子どもが多いです。また挙手して発言する子どもに偏りが出てしまいます。人の話を聞いているだけで,どんな考えを持っているのかよく分かりません。

これで解決!

- 話し合いへのチケットとして自分の考えを書くこと
- どっちだと思う?と選ばせる
- 挙手せず指名をする

1 自分の考えをノートに書くところからスタートする

　授業中,特に中心発問はすぐに発表させません。まずは自分の考えを一度ノートに書かせます。書けない子どもがいるのに話し合いが進むはずがありません。年度当初は全員が自分の考えを書くまで待ちます。「自分の考えを書くことは話し合いへのチケットです。教室のみんなで問題を解決する楽しい学習が始まるのです。チケットなしで参加させるわけにはいきません。どんな意見でもいいので必ず書いてください。自分の意見なしに人の意見を聞くのはずるいです」と言います。まずは全員書かせ,同じ土俵に乗せます。

2 選択肢を示し,選ばせる

考えをもちにくい子どもには選択肢を示します。「どっちだと思う?」「だれの意見に近い?」と声をかけます。話し合いの最終も「今意見が2つに分かれました。AとBです。どちらか選んで挙手してください」と言います。選ぶことによって思考力・判断力を鍛えます。

3 教師が意図的に指名する

「挙手―指名」型の授業をしていると挙手する人としない人が現れます。しない人は手を挙げさえしなければあてられることがありません。意見を言わなくて済むのです。ですから教師の意図的指名でどんどん言わせます。「ノートに書いたものを読んでください」と読ませます。意見を言わない子どもには意図的に読ませ,その後,意見をしゃべりたい子どもに意見を言わせます。みんなの前で話す場を意図的に設け,表現力を鍛えます。

この問題分かる人!

予防のポイント

そもそも何のために授業で話し合い活動(問題解決型の授業)をするのでしょうか。私は「学問の真理に自分たちで解決するために授業があるのだ」と子どもに伝えます。教師が答えをどんどん言って一方的に話すのはかつての高校・大学の講義と変わりありません。「学級のみんなでこの謎が解けるかな?」と投げかけ,教師はその手助けをする。時には教師も一緒になって考える。そんな場が授業だと思っています。

4 私語が多い

授業中，私語が多くて困っています。
静かに授業をする場合でも，隣の人や後ろの人と話をしてしまいます。注意をしたら，その場は収まりますが，すぐに私語をしてしまいます。

これで解決！

- 静かにするのも大事な力と教える
- 話をする時間を設ける
- 席を替えて私語を自覚させる

1 しゃべることで他の子どもの邪魔をしていることになる

　静かに学習に取り組んでいる時にひそひそと声が聞こえるのは，他の子どもたちにとっての迷惑な行為です。発問に対する答えをノートに書こうと考えている時に，全く違う話や「ねえねえ，どんなこと書いた？」と他の人の考えを耳にしてしまうことでその子ども本来の考えをゆがめてしまうことになりかねません。こんな時は，きちんと「静かに考えている時に，自分の意見を聞こえるように言うのは『私，もうこんな考え書いたんだ！』と自慢するようなものです」「授業と違う話は休み時間にしてください」ときっぱりと伝えましょう。

2 あえて話をさせる

　私語の中身を確認します。授業に関係ある話なのか，全く関係ない話なのかです。もしも関係のない話なら「やめてください」と簡単に注意して終わります。もしも授業に関係のある話なら場に応じて対応します。ノートに個人で考えを書いている時なら「このあとペア（班）で話し合ってみましょう」とあえて話をさせる場面を作ります。静かにじっと45分耐えている方がつらいのです。話をする時間を少しでも入れてあげることで私語は減ります。

3 席を見直す

　あまりにも私語が頻繁でひどい場合は，「次注意されたら席を変えるからね」と予告します。たいてい特定の子ども同士で私語がうまれます。再度，注意された場合は，「そこの席，前と後ろ変わってください」と移動させます。私は席替えの時にあらかじめ「席替えをしますが，もしも勉強に集中できないようだったら，先生が変えるからね」といつも予告しています。

予防のポイント

　私語は，指示されたことが早く終わってしまった時に起こりやすいです。あらかじめ早く終わった人は何をしておけばよいのかを明確に指示しておくとよいでしょう。一番の予防は私語をも許さないような授業を展開することです。私語が出始めたら，授業が退屈な証かもしれません。教師自身が自分の授業を振り返ることも大切です。

5 宿題をいつもやってこない

> 宿題をいつも忘れてくる子どもがいます。
> 何度言ってもやってきません。

これで解決！

- どうするか，一緒に考える
- 自分で宿題の量を決めさせる
- 早めに宿題を示す

1　しなかった時の解決方法を一緒に考える

　宿題については教師によっていろいろな考え方があります。宿題をしないのは，家庭環境のせいなのか，量に問題があるのかいろいろです。ここでは，やる力があるのに怠けてやらないという理由で考えてみます。自分自身でのことですから，
　「最近ずっと宿題やっていないよね」⇒はい。
　「あまりにもやってこないから，仕方がない。自分で決めよう。宿題やらなかったらどうする？」⇒？？？
　「自分で決めてごらん。宿題をやらなかったり忘れたりした時にどうする？」⇒学校でやります。

「分かった。休み時間や放課後,学校でやってから帰ろう」

　子どもが自分で作った約束を自分で守らせます。子どもが自分で言い出した言葉を大切にして,それが本当に実現可能かどうかを見極めてあげることが大切です。学校でやるパターンや次の日の宿題をやってから帰るパターンなどがあります。

2　宿題を自分で決める

　連絡帳に今日の宿題を自分で書かせます。自分で書いた宿題は結構守ってくれるものです。いつもやってこない子どもには「これで大丈夫?」「本当にできる?」と声をかけます。その子どもがどの程度の宿題を書いているかを点検するだけで,その子どもの宿題の可能な量が見えます。どんな宿題を考えるのかで子どもの宿題への意欲や学習を見通す力が見えます。

3　宿題は給食時間に示す

　子どもによっては塾や習い事で放課後なかなか家庭での宿題の時間がとれない子どもがいます。そこで「今日の宿題」を給食後に教えてしまいます。すると,放課後忙しい子どもは昼休みや空いた時間を上手に使って宿題を済ませてしまいます。やってこない子どもにはここで翌日の宿題をさせてしまいます。やってこないことを叱るよりも,きちんとやったら次の日が快適に過ごせることを教えてあげます。

予防のポイント

　そもそも宿題を出すから忘れるのです。宿題を出さなければ忘れることがありません。こう考えると気楽です。ただし,学力保障の点や学習習慣の定着の点から考えると全くないわけにもいきません。やってこない子どもの学力や家庭での生活環境を考えて宿題を出してあげるとよいでしょう。

6 「塾でやった！」「もう知っている！」と言ってしまう

　授業を進めていると，「それ，もう塾でやったよ」「答え知っているよ」と言ってしまう子どもがいます。
　みんなで話し合おうと思っても，答えをすぐに言ってしまうのでなかなか話し合いになりません。

これで解決！

- みんなが習っている言葉を使わせる
- 説明させる
- 「賢いことを自慢したいの？」とズバリ聞く

1　これまでの学習した言葉で話をさせる

　塾や通信教材で教科書を先取りする学習を否定しません。自分で進めることは大事なことです。でも，それと話し合いの学習は別物です。教室の学習はあくまで教科書の進度に沿って進むものです。例えば，円の面積の公式を見つける学習をしている場面です。
　「ぼく公式知ってる！　それは半径×半径×3.14だ！」
　こういう子どもには，私はわざと英語や韓国語など簡単な言葉を投げかけます。子どもは意味が分かりません。
　「君が先取りしている公式をみんなに言うということは，私が君に英語で話しかけるようなものです。違う言語で話しても，通じないでしょ。君が勉

強しているのは知っている。でも，ここはまだ知らない友だちもいっぱいいる。だったら，今まで習った学習の言葉を使って説明してごらん」

　このように厳しく言い切ります。これまで学んだ言葉を使って話し合うという約束を学級の中に作っておきます。話し合いは，知っている人も知らない人も，みんなで学問の真理を学ぶ場所なのです。

2 「説明してごらん」と言ってみる

　「えっもう知ってるの？　じゃあ，ちょっと授業してごらんよ」と説明役にさせてみましょう。他の子どもたちに説明する役割を与えてみましょう。えてしてこのような子どもは公式や計算の仕方は知っていても，その理解や導き方は説明できないものです。説明させる力をつけさせるつもりで活躍させましょう。

3 先取りすることで優越感を持たせない

　稀に学習を先取りしていることで優越感を持っている子どもがまだ分からない子どもに対して馬鹿にする言い方をすることがあります。そんな時は「君は『ぼくは賢い』って自慢したいのか？」とズバリ言います。ふてくされる態度を示すことがありますが，そのうえで，先に示した話し合いの大切な考え方を伝えます。先取りしても最後はみんな同じ学習内容になるのですから。

予防のポイント

　教科書の内容を教えることは大切ですが，算数でしたら教科書の発展させた問題や国語でしたら教材のイメージの変わる問題を通して話し合いをします。教科書を先取りしている子どもに負けない授業のネタや展開を意識することです。書籍や雑誌を参考にして教師自身が「この授業面白い！」という授業を追試することから始めてはどうでしょうか。

7 忘れ物（学習用具）が多い

忘れ物が多くて学習の準備ができない子どもがいます。
算数の分度器やコンパスなど，作業の学習になるといつも友だちに借りています。貸してあげる子どもも自分の作業が遅れてしまいます。

これで解決！

- 3日前にはそろえるようにする
- 「仕方ないなぁ」と貸す時，貸さない時を区別する
- 文章で連絡帳に書く

1　準備物は3日前には用意しておく

　学習の準備がそろわないのは普段の性格にもよります。学校で必ず使うものは1週間前には通知し，3日前にはそろっている状態にしておきます。特に算数の道具や家庭科の調理実習でのエプロン・三角巾などです。3日前から「明後日は使うよ」「明日は使うよ」とカウントダウンしていきます。1週間前に通知しておけば，なくした場合など休日に買うこともできます。

2　貸す時と貸さない時の区別をする

　算数の道具などは「仕方ないなぁ」と大きな声で私の道具を貸してあげます。友だちに借りると，ちゃんと持ってきた友だちが勉強できなくなってし

まいます。教師がいくつか予備を持っておくとよいでしょう。あまりに毎日「仕方ないなぁ」と言われるとさすがの子どもも持ってくるようです。ただし借りることが当たり前になってもいけません。時には「プールで水着を忘れたら友だちに貸してって言わず見学でしょ。算数も一緒。道具を忘れたらその時は算数の授業は見学です」と貸さない日があってもいいでしょう。

3 連絡帳に一工夫する

連絡帳に一言「持ってくるもの：コンパス」のように書いても忘れがちな子どもには印象に残りません。そこで、持ってくるものが大事な場合や忘れたものを必ず持ってこさせる場合は赤鉛筆で書かせます。また、単語ではなく「私は今日コンパスを忘れました。明日持ってきます」と文章で書かせます。持ってきた子どもには「私は今日コンパスをちゃんと持ってきました」と書かせます。文書で書くことによって、自分のこととして考え、記憶も残りやすくなります。またちゃんと持ってきた子どもにも持ってきたことを書かせることで忘れ物をしなかったことの満足感を与えられます。

予防のポイント

学習用具がそろっていることは学習の構えをつくる基本中の基本です。プールの道具を忘れることはほとんどないのに学習道具になると忘れてしまいます。きっとその子の興味や関心の度合いがそうさせるのでしょう。道具がそろえば楽しい授業ができるという思いを抱かせたいですね。

8 トイレにしょっちゅう行く

> 授業が始まってもトイレに行く子どもがいます。
> もう低学年じゃないんだから，と思っていますが，授業中くらいなんとかならないものかと思っています。

これで解決！

- どんどん行かせる
- 一人ずつ行かせる
- 授業の最初に確認する

1 時間通りに授業を始める

　トイレに行きたい申し出があった場合，「行かないようにする」よりも「どんどん行かせる」方が安心感を抱かせ，自然とトイレに行く回数が減ってきます。怠ける傾向がある子どもに対しても「トイレに行きたかったらどんどん行っていいよ」と声をかけておきます。だんだん周りの目を意識して行かなくなります。同じ子どもが何度も行く場合は，何らかの心理的な課題を抱えている場合が少なくありません。それとなく子どもと話をしてみましょう。

2 連れ立ってのトイレは許さない

　一人がトイレに行くと「ぼくも」「わたしも」と続けて言う時があります。複数でトイレに行かせると、トイレの行き返りの際に授業とは関係のない話をしてしまうことがあります。高学年の場合、たいていよくない話題です。続けてトイレへの申し出があった場合には「○○君が帰ってきてからね。我慢できますか？」と言ってあげましょう。最初の子どものトイレに時間がかかっている場合は「そろそろ行ってもいいですよ」と行かせます。

3 低学年の指導と一緒だと考える

　高学年だから、という意識で指導しがちですが、休み時間が盛り上がっていたりトイレに行くのを忘れたりするのは高学年も低学年も一緒です。今日の授業はとっても大事！力を入れている授業！といった時はあらかじめ「トイレに行ってない人は行っておいで」と伝えてから授業に入りましょう。

トイレに行かせてください。

> **予防のポイント**
>
> 　授業中トイレに行きたくなるのは低学年のこと、と思ってしまいがちですが、高学年になってもけっこうあるものです。がまんできるレベルが一人一人違うのです。また、トイレに行く子どもは決まっています。デリケートな問題もあるので一概に「行ってはいけない」と言うことはできません。授業への不安、体調不良、成育歴によるものなど、その子なりのなんらかの事情が潜んでいる可能性もあるからです。あまりに頻繁な場合、個別に授業が始まる前に「トイレ行った？」と一声かけるようにしましょう。

9 男子は男子，女子は女子で固まっている

> グループ学習などの時間，男子は男子で，女子は女子で固まってしまいます。自由にグループを作ってもらうと男子同士，女子同士でしか活動ができません。

これで解決！

- 男女で活動する必然性があるかを考える
- 意図的な男女の活動を仕組む
- 写真で撮る仲良し班決定戦！

1 無理やり男女を活動させようとしない

　男子は男子同士で，女子は女子同士で活動しやすいのは自然の流れです。休み時間気の合う仲間が同性になるのは当たり前。大切なのはグループ学習などに男女が協力できるかどうかです。その活動内容も，男女一緒がいいのか別々がいいのか考えてみる必要があります。例えば，理科や家庭科のグループは得意分野が違うので男女一緒がいいと思うかもしれません。しかし，男子も女子も電子機器や料理をこれからの時代やっておく必要があると考えれば，あえて男子同士・女子同士でグループを組ませてみるのもよいでしょう。

2　男女が関わる活動を授業の中に取り入れる

　私の教室の席は男女隣同士を基本としています。近くの席で4人のグループも構成していますが，ここにも男女が必ず混じります。また，席替えを頻繁に行うのでいろんな子と関わる機会を与えます。

3　どの班が仲良しなのか，仲良し写真決定戦を行う

　男女混合の4人の班や体育などの色別のグループで仲良し写真決定戦を行います。仲が良さそうだなというポーズを決めて写真を撮ります。そして，どの写真が仲良さそうに映っているかを対決します。学級のみんなで選んでもいいですし，ろうかに張り出して，他の学級や学年に投票してもらってもいいでしょう。1位の班には賞状を渡してあげてもいいですね。いろんなポーズを考え，決める中で関わりが増えてきます。

> 予防のポイント
>
> 　協働学習などの様子を見て，子どもたちに「この学級はいい学級だよね。だって男子も女子も普通に話をしているから」と話をします。暗に男子と女子が話をすることがいいことだというメッセージを送るのです。ほんのちょっとの関わりを見つけ広げていくことで，なんだか自分たちの学級は男女の仲がいいんだという雰囲気を作るのです。

Part6　教師との人間関係に関する指導場面—困った時の解決策と予防のポイント

1 指示があるまで動かない

> 子どもたちが指示をずっと待っています。
> 先生が「〜してください」「次は〜です」と言わないと動き出しません。もう高学年なので，自分から進んで動けるようになってほしいのですが。

これで解決！

- 教師が前に出すぎない
- 「できる？」「できたね」「もうできるね」と指示を弱める
- 自分で動き出した場面を見つけ，ほめる

1　指示を出しすぎるのは，指示を守ってさえおけばいいということ

　教師が前に立って，命令や指示を出せば出すほど，子どもは指示を待ち，動き出さなくなります。教師ができるだけ言葉や姿を消していくことです。例えば，教室の電気がついてない時「当番の人つけなさい」ではなく，「君たち暗くない？」と問いかけます。暗いと答えれば「気付いた人がつけたら？」と言います。すぐに命令・指示を出して動かしてばかりいると，「ぼくたちは，先生の言うことに従っておけばいいんだ」ということを教えていることになります。

2 教師の指示を弱めていく

　子どもたちができることはどんどん自分たちでできるように委ねていきます。例えば，全校集会での体育館への移動です。「時間になったら，自分たちで並んで体育館に行くことができますか？」と問いかけます。きっとできるはずです。その後，教室に入って「さすが！　できるんだね」とほめ，「これからも，できるでしょう」と任せていきます。今まで出していた教師の指示を，できそうな場面から少しずつ弱めていくのです。

3 自分から動いたことをほめる

　教師が何も言わず動けた場面をどんどんほめます。例えば「散らかっているトイレのスリッパをそろえてくれた場面などです。ただし，あらかじめ「きっとここは自分たちで進んで動くだろうな」と予想をしておかなくては見えません。その瞬間を見つけて，みんなの前でほめましょう。また，自分で動いたことに気付けた人を最高にほめてあげましょう。例えば，スリッパをそろえてくれた友だちに感謝した子どもなどです。こんな子どもが出てくれば，いいところが自然に見える子どもになっているはずです。

予防のポイント

　アクティブ・ラーニングがキーワードになっています。子どもの能動的な学びが求められています。これは学習に限らず普段の生活から主体的・能動的な姿を意識しておかなくてはいけません。新年度の最初こそ教師の命令・指示が必要かもしれませんが，一年後は教師の命令・指示などなくても動き出せる子ども像を教師が持っている必要があります。いずれは教師の先を行く子どもを育てたいものです。

2 あいさつの声が小さい

> 教師へのあいさつの声が小さいです。朝，すれちがいざまに「おはよう」と言っても小さな声で「おはようございます」と言う程度です。友だち同士なら楽しそうにあいさつをしているし，朝の会ではみんなと一緒に普通にあいさつができます。

これで解決！

- あいさつは続ける
- ほんのちょっとの変化を見つける
- 声が届いたら「合格！」を出す

1　あいさつの声を変えるのは教師

　教師の側からしつこく大きなあいさつを続けていきましょう。急に大きなあいさつができるようになるやんちゃな男の子もいますが，おとなしい女子など多くはなかなか変わりません。過度の期待をしないことです。そもそも教師があいさつをしていますか？　自然なあいさつを教師からし続けましょう。

2　変化はほんのちょっと

　ただし，教師から毎日続けていることによって，ちょっとしたあいさつの変化が見えるはずです。例えば，声が大きくなった，教師の方を見たなどで

す。その変化が見えるようになればあいさつも楽しいものになります。

3 「ここまで声が届くかな」と声を出す経験をさせる

あいさつができるかどうかは，中学校に行った時の人間関係が上手に作れるかどうかにも関わってきます。時には関所を設けます。帰りの会後，音楽室や体育館ステージなどの前に子どもを立たせ，後ろに教師が立ちます。「さようなら」と大きな声で言い，聞こえた人（合格した人）から帰ることができます。一人ずつ行い，教師は後ろから両手で丸印やバツ印をします。多くの場合，大きな声が<u>出せない</u>のではなく，<u>出さない</u>のです。これまで出さなくても済む状態があっただけなのです。声を出す経験をさせましょう。

予防のポイント

「挨拶」という言葉の意味を教えます。「挨」とは「せまる。そばにくっつく」という意です。「拶」は「せまる。ぎりぎりに近づく」という意です。２つとも似た意味です。「せまる」とは何が迫るのでしょうか。私は物理的な距離と同時に心の距離がせまるのだと解釈します。あいさつが気持ちよくできるかできないかを見れば，あなたはわたしと近づきたい，近づきたくないというのが行為で見えるのだと思います。あいさつという行為を通して心のありようを相手に見せていることになるのです。当然，あいさつは子どもから「先に」，友だちと会っても「先に」できるよう心掛けさせます。

3 手伝いをお願いすると「え〜」という言葉が返ってくる

　荷物を運んだり，窓を開けてもらおうと思ったりする時に「ちょっと手伝って」「だれかやってくれない？」とお願いすると「え〜」という言葉が返ってきます。
　すぐに「いいよ」と動いてくれません。

これで解決！

- 名前を出してお願いする
- しなくてもかまわないが，もう二度と頼まないという姿勢でいる
- 指名する時は，その子を見込んでお願いする

1　「だれか」ではなく「○○さん」とお願いする

　「だれか手伝って」「だれかやってくれない？」とお願いしても，やってくれない場合，具体的に名前を呼んであげます。「こうきくん，手伝ってくれない？」と固有名詞で働きかけます。「だれか」ではなく「その子にお願いする」意思を示すことで動き出してくれます。それでも動いてくれない場合，「ゆたかくん，これを配ってください」と指示を出し，手伝ってくれた後に感謝の言葉をかけます。

2　「したくなければ結構」とはっきり言う

　まれに「え〜」「今，休み時間なのに」と不平不満を言う子どもがいます。

こういう子どもには「分かった。手伝わなくていいよ。もう頼まないから」とキッパリと言ってしまいます。そして教師が自分でさっさとやってしまいます。子どもは「まずかったな」と反省し、「いえ、やらせてください」と言うことが多いです。いやいややらせてもいいことはありません。

3　名指しで頼まれるのはうれしいことと伝える

「みつるくん、お願いがあるけれど」「いずみさん、手伝って」そう言われることは、実はとてもうれしいことなのです。なぜなら「きっとみつるくんなら、いずみさんならやってくれるだろう」という期待が込められているからです。機を見て、このような話は学級全員に伝えておきます。もしも指名されたのに「え～」という反応をしてしまったら……。きっと次は名指しで手伝いをお願いしてくれることはないでしょう。どちらが高学年としてふさわしいでしょうか。

予防のポイント

高学年（特に6年生）になれば教師の代わりに何かをお願いされたり手伝ったりする場面が増えます。あらかじめ「お願いされたら、いつでも『はい』『やります』と言えるのが高学年なのです。君たちがやらなければ、その仕事は下級生（5年生）にとられてしまうんですよ」と伝えておきます。お願いをされたら断らないのが当たり前、そんな空気を作っておきます。働くことを意識したキャリア教育にもつながります。

4 指導しようとすると「だって……」と言い訳ばかりする

宿題を忘れたり，友だちのことでトラブルになったりした時，個別に呼び出して話をしようとしても「だって……」と言い訳ばかりします。
素直にこちらの話を聞こうとしません。

これで解決！

- 「だって……」にはその子なりの理由がある
- 盗人にも五分の理を認める
- これからに期待しているよと声をかける

1　最後まで聞いてみよう

　「だって……」と言うのはその子なりの理由です。たとえどんな言い訳であろうとも最後まで聞いてみましょう。まずはどんな悪いことをしたとしても受け止めてみるのです。「だって……」は教師の話すことへの拒否反応（話はもうやめてよ！）として使われている場合もあります。むしろ「だって，どうしたの？　全部言ってごらんよ」と返されて戸惑う子どもも少なくありません。

2　盗人にも五分の理

　ことわざに「盗人にも五分の理」というのがあります。盗人にもそれなり

の理由が五分（半分）はある，という意味ともう１つ，どんな悪いことでも言い訳は立つという両面の意味があります。悪いことをそのまま注意して素直に反省する子どもの方が少ないのです。それなりの理由を子どもは持ち得ているのです。どうせ言い訳ばかりするのなら，その言い訳を聞き，だったら次どうするかを考えさせましょう。

3　これから先を考える

　子どもの言い訳を聞いた後で，「君の言い分は分かった。それで，これからどうする？」「どうしたらいいと思う？」と問いかけます。自分の口から今後の行動の指針が出てくればそれを期待しましょう。ただし「もうしません」程度のことであれば，選択肢を示して「宿題をまた忘れたら，休み時間をなくすか，次の日の宿題を学校でやって帰るかどっちがいい？」と決めさせてもいいでしょう。

予防のポイント

　国語の授業などで「なぜ？」と聞いて反応しなくなるのは，「なぜ」という言葉が怒られていると感じるからではないかと考えます。問題行動の後に理由を聞く場合「なぜ」と教師が聞いておきながら「だって」という理由を許さない雰囲気があるのです。子どもが「だって」と言い出したらしめたもの。その子なりの理由が出てきます。授業の中でこそ「だって」とつぶやいた子どもの声を積極的に拾っておきましょう。

5 教師を避ける

> 私が近寄ると,女子を中心に避けていきます。
> 私が男性(20代)だからか,それとなく距離が離れてしまいます。

これで解決!

- 相手にしない
- ひどい場合は,いじめと同じと伝える
- 付き合っている場合じゃない時もある

1 意識されているということ

　若い男性の教師の相談によくあるのですが,最初は仲良くしてくれていた女子が突然,避け始めることがあります。近寄っただけでキャーと。それは,次第に大人になってきているということ。男性として意識されている証拠です。教師としてふるまうことを忘れずに,相手にしないことです。この学年の女子は避けたり「キャー」と言ったりして楽しんでいるだけです。一歩大人になって同じ立場でカッカしないことです。

2 ひどい場合は学級崩壊にもつながる

　避けられているのが一部の女子の内輪でとどまっていればいいのですが,

周りへの悪影響を及ぼし始めるとまずいです。嫌われる覚悟で「君たちがやっていることは差別です。いじめと同じ。同じことを友だちや校長先生にもするのですか？」と短くすっきりと言ってやります。たとえ次は無視されたとしても，それでも学級全体への悪影響を止めます。

3 本当に大事な時は遠慮しない

例えば避難訓練の時，校庭に避難した際の人数把握で近寄った時に同じような対応を子どもがしたとします。そんな時は，厳しく注意します。「君たちが私を嫌おうが勝手だが，命に関わる訓練をしているんだ！ 私は君たちの命を守らなくてはいけない！ 君たちの遊びに付き合っている場合じゃない！」と全体の前であろうと叱ります。避けられているからといって，こちらが遠慮する必要はありません。地震や火災など命を守るのが教師の仕事ですから。

予防のポイント

教師を避けるのは差別の一種です。ですから，よくこんな話をしています。「差別しないって口で言うのは簡単。でも，これは一番難しい。人によって違う行動をとってしまうんだ。ある友だちにはやさしく声をかけるけど，もう一人には冷たいとか，先生の言うことは聞くけど，同じことをおうちの人が言うと聞かないとか。先生に対してもそう。それは差別と一緒。差別はいじめの始まり」先生にも差別やいじめをすることがある。そしてそれはそのうち，友だちへの差別やいじめにつながるんだということを話しておきます。

6 「前の先生の方がよかった」と言ってくる

いつも「去年はこうやっていたのに」「前の先生はこうだったのに」と比較されます。「前の先生はよかったなぁ」と言われてしまいます。「今年はこのやり方です」と言っているのですが，だんだん子どもたちとの距離が離れていきそうです。

これで解決！

- よければそのまま，悪ければ変える
- いい1年を過ごしたんだねと話す
- 好かれようと思わない

1 これまでのやり方を聞き，調整する

　子どもたちはこれまでのやり方に慣れています。特に「給食当番」「日直」「朝の会」「帰りの会」など，学級のシステムに関わるところは昨年までのやり方を大きく変えられると戸惑います。例えば給食当番なら「去年はどうしていたの？」「最初は去年のままでやってごらん」とそのまま続けさせます。クラス替えがあった場合は，それぞれの学級のやり方をやらせます。そこで問題が生じたら「それってこんな問題がなかった？」「だったらこうした方がいいんじゃない？」と学級みんなに提案します。問題があった時だけ変えていけばいいのです。一から全部変えるよりも，そのまま任せておく方が，指導すべきことが減ります。

2　前年度を否定しない

　「去年の〇〇先生がよかったなぁ」と言われてしまったら「去年はいい一年を送ったんだね」と寄り添ってあげます。子どもたちだって担任を自分たちで選べないことを知っています。徐々にこっちのペースにしていきます。絶対にしてはいけないのが「だったら〇〇先生の学級になればいいでしょ！」などと怒ったり，前担任の悪口を言ったりすることです。大好きだった前の学級を否定されることはその子の過去を否定されるようなものです。

3　子どもの言葉の目的を読む

　「どうしてそんなことを言うんだろう」そう思って子どもたちの発言に耳を傾けます。「前年度がよかった」ということは，「こんなやり方をしてほしい（続けてほしい）」という訴えなのか，ただ「去年はとても幸せだったんだよ（今年も幸せにしてね）」という願いなのか考えてみましょう。容姿や言葉は変えられません。しかし，指導方法や子どもとの関わりなどはもしかしたら学ぶことができるかもしれません。ただし，子どもに無理に好かれようと思わないことです。「先生のことが好きだ」と言ってくれる子どももいるはずです。

予防のポイント

　新しい学期が始まるといっても，子どもたちは去年までの担任の教師との関係を引きずっています。そこで担任の教師は３月にどのように別れるかが大切だと思っています。私は「今までよく勉強したね。幸せだったよ。でも，修了式が終わった今日でおしまいです。もっと幸せな一年を作ってください。今年がよかったなと思ってくれるのはうれしいけれど，次の年，その次の年，もっともっと幸せになる方が先生はうれしいです」と次の担任がスタートを切りやすいようにしてあげます。そして担任自身もまた前年度の子どもたちのことを忘れるのです。

7 いつも教師のところにくっついてくる

休み時間や理科の観察など自由に活動する時，いつも教師の周りにくっついてきます。いつも一人ぼっちというわけではありませんが，友だちよりも教師に話しかけてくることの方が多いです。休み時間，なかなか職員室にも行けなくなってしまいます。

これで解決！

- くっつかせてあげる
- 一緒に遊ぶ
- 用事があるから，ちょっとごめんねと言う

1 話を聞きながら子どもの悩みや課題をつかむ

　高学年の男子や女子が一人で教師のところに来る理由としては友だちがいない，休み時間一人ぼっち，同世代とコミュニケーションがとりにくい，などいろいろ理由が考えられます。まずは近くに来ることをいやがらずに話をしっかりと聞いてあげます。高学年であっても誰かに話を聞いてもらえることで心を落ち着かせているのです。話を聞く中で，その子どもがどんな悩みや課題を抱えているのか把握します。

2 教師も一緒にその子どもと遊ぶ

　休み時間などは教師も一緒にその子どもと遊んでみましょう。男子なら将

棋や囲碁で対戦したり，女子ならけん玉や折り紙，あやとりなどをしたりしてみます。教師とその子どものやりとりを見ている他の子どもたちを仲間に巻き込みます。教師が間に入って友だち関係を作ってあげます。特に同じような性格の子どもを紹介すると仲良しになることが多いです。

3 教師がいなかったら何をしているのか把握する

　もしも教師がいなかったらその子どもは何をしているのか様子を見ます。一人ぼっちでいるのか，友だちと遊んでいるのか，教室にいるのか，図書館にいるのか，客観的に把握します。だからといってその子どもを避けることはやめましょう。「先生に嫌われた」と思うことの方がショックが多くなります。それとなく友だちを作り，自然に子ども社会に馴染んでいくようにします。

予防のポイント

　教師にくっついてくる子どもの様子を見極めます。特にその子どもの心理的成長を考えます。年度当初話しかけてくる子どもは「先生私のことを知って！」と思っていることが多いです。また，成長がまだ中学年くらいの場合は膝の上に乗ってくる子どももいます。一方べたべたと距離感が分からず接近してくる子どもには特別な支援が必要な子どももいます。何が目的で近づいてくるのかを考えながら対応をしていくことが大切です。

Part 7　異性意識に関する指導場面—困った時の解決策と予防のポイント

1 男女の仲が悪い

> 男子と女子の関わりがほとんどありません。
> 休み時間も男子は男子，女子は女子だけで遊んでいます。
> 「男子はあっちに行って！」「女子は来るな！」と，お互いが刺激し合っています。

これで解決！

- 意識し合うのは自然な流れ
- 男女ペアの活動をたくさん仕組む
- 「対抗戦」で堂々と向き合わせる

1　自然な流れと思って見守る

　男女が意識し合うのは自然なこと。5年生あたりから，早ければ中学年でも出てきます。これは成長の一過程。教師が考えすぎないことです。男女が仲良く，休み時間も一緒に遊んでいる方が珍しいのです。ただし男女のグループの対立によって普段の学習に支障をきたすようになれば指導をしていかなくてはいけません。授業中の活動と休み時間での生活について子どもたちが意識していればそのまま見守っていてよいでしょう。

2　意図的に男女ペアの活動をする

　集団になるとお互い意識し合っていても，一人一人になるとそこまででも

ありません。授業中に男女2人組のペアになる場を仕組みます。座席を男女隣同士にして，2人で相談したり，1つに決めたりする授業を行います。体育の授業などの接触がある場よりも，話をする場から始めてみましょう。席替えを頻繁に行い，いろんな人と接することも有効です。

3 男子対女子の対抗戦をする

あまりにも対立がひどい場合は，男女対抗戦をしてみませんか？

かつて私は「そんなに男女でケンカするのなら対抗戦をしたら？」と男子対女子の対抗戦をしました。「ドッジボール」「腕相撲」「にらめっこ」「百人一首」「算数テスト」など身体も頭も様々です。最初こそ勝った負けたで一悶着ありますが，ひたすらやり続けていたら自然に仲がよくなっていきました。

また「今度，男女対抗戦をするけれど，どんな種目にする？」と学級会の話題にしてもいいでしょう。話し合いはきっと盛り上がります。その後，先生の裁量で出された種目を全部やってしまい，スッキリさせましょう。

予防のポイント

男女の対立で必要以上に教師が介入することによって，特に女子のグループから反感をかってしまうことがあります。一時期を過ぎると落ち着く場合もあります。指導のタイミングを見計らいましょう。困っている子どもが出てきたら指導のポイントです。

4月最初に手つなぎオニなどの活動で男女手をつながないなどの場面を見逃さず，「授業は学級みんなで頑張る場所。たった手をつなぐことすらできないなら運動会や学習発表会は成功しない。いじめにもつながる」と強く言ってもよいでしょう。

学校は男子も女子も全員が協力して学ぶ場であるということを普段から言葉を変えて声をかけ続けましょう。また，普段から男女混じった活動を多く行っておくことです。

2 男子と対等に張り合っている

> 一人の女の子が，とにかく男子と張り合っています。
> 男子に負けたくないという一心で，学習面でも運動面でも，勝とうとしています。男子のようになりたい，男子と同じだ，という意識がとても強いです。

これで解決！

- そのまま頑張らせる
- ライバルがいるというのはいいことだと伝える
- 無理して女子の代表になることはないと気付かせる

1 しっかり頑張らせる

　普段の生活を通して，男子だから，女子だから，と気にしないことです。高学年になって，異性を意識し始めた証拠です。学習面でも運動面でも，正々堂々ときちんとした学校生活の中で張り合っているのであればいいのではないでしょうか。そんな女子がいることによって，男子もまた張り合いが出るものです。

2 ライバル関係を維持させる

　具体的に「○○君には負けられない」というライバルが存在するなら，もっと安心できます。そのライバル関係を維持させるのです。大切なのは，勝

負に負けてしまった後です。特に運動面ではどうしても体力的に負けることも出てきてしまいます。そんな時に,「すべてに勝つことはできないよ。どこか1つ君が勝てるものがあればいいんだよ。そこを伸ばしていこう」と声をかけておきます。

3　女子のためではなく,自分のために頑張らせる

　男子と張り合ってしまう女子の中には「女子の代表」という意識で男子と対等に張り合っている子がいます。マスコミなどの情報から社会進出する女性の話を耳にしている子もいるでしょう。それを意識して学校内に持ち込んでいる場合があります。そんな子どもはつい「女子みんなのために言って(やって)いるんだ」という意識になりがちです。高学年の段階で大切なのは「あなた自身がどう思って行動しているか」です。無理に鎧兜をかぶって自分に虚勢を張るのではなく,その子らしさがあらわれていればいいと思います。

予防のポイント

　家庭科の授業で「男らしさ女らしさ」という授業を行います。
　「男」「女」についてそれぞれ「イメージ」を言わせます。黒板は右側半分を「男」とし,左側半分を「女」とし,それぞれ出てきた意見を書いていきます。一通り出尽くした後で,「男」「女」の表示を入れ替えます。子どもたちは「キャー!」と発狂します。
　子どもたちの意見を一つ一つみんなで確認していくと「男」「女」の違いは身体的な性差だけであることに気付きます。将来への可能性は男子も女子も同じであることに授業を通して気付かせます。

3 注意する時の言葉が厳しすぎる

学校のルールを守らなかったり，勉強を一生懸命やらなかったりする時の言葉が厳しすぎます。特に男子が女子に，女子が男子に注意する時はひどい言葉遣いになります。
注意してくれるのはありがたいのですが。

これで解決！

- 注意する言い方にも気を付けさせる
- 一度だけやさしく注意させる
- それでも聞かないなら教師に知らせる

1　注意が文句にならないように

　いけないことを見つけて注意してくれるのはありがたいこと。正統派の女子に多く見られます。でも，その注意がきっかけでけんかになったりトラブルになったりしては元も子もありません。文句を言うための注意にならないように言い方に気を付けさせます。「その言い方で聞いてくれるかな」そんな意識を伝えます。

2　注意は一度だけでいい

　注意も何度もされるといやになります。「注意は一度だけでいいからね。一度だけ，やさしく言ってあげてください」と伝えます。大切なのは注意す

ることではなくて，不適切な行為・行動をやめさせることです。聞いてくれなければ意味がありません。

3　最後は教師の出番

「注意をして，それでも言うことを聞いてくれなかったら，先生に言いにおいで」と伝えます。「注意をしてくれてありがとう」と感謝の意を伝えます。注意をしてくれる子どもは善意でしています。その善意が子どもの対立やトラブルのきっかけになってはいけません。注意される側にも「一回の注意でやめることができる方がいいですね。2度目，3度目は悪いことを知っていて続けていることになりますからね」と念を押します。

予防のポイント

　本当は教師が注意すべきことを子どもたちが注意してくれているわけです。ですから注意してくれる子どもに対しては感謝をしなくてはいけません。あらかじめ「注意は一度で聞こうね。何度も注意されると，する方もされる方もいやになってきます」と伝えます。注意する時は「一度だけでいいよ」「聞かない人がいたら先生に教えて」と伝え，あとは個別に教師が対応しましょう。自分たちで学校生活をよくしようとするのは大切なことです。しかし，子どもが子どもを注意してばかりになると，注意することが自分の存在感を示すことになってしまいます。

4 「好きな子だれ？」としつこく聞いてくる

休み時間になると「好きな子だれ？」としつこく聞いています。男子が女子にだったり，女子が男子にだったりします。中にはいやがっている子どももいるようです。

これで解決！

- 放っておいても大丈夫
- 「秘密」も大事な選択肢だと教える
- 「たいていは好きな子に聞く」と言う

1 喜んでいるのかいやがっているのかの見極めを

高学年の男女にとって好きな子がいることは自然なこと。意識するのは当然のことです。よほど訴えがなければ放っておいていいでしょう。たいていは「好きな子だれ？」と聞くことによって異性とコミュニケーションをとり楽しんでいる場合がほとんどです。ただし，本当にいやな場合は教師に訴えがあります。その時はきちんと相手がいやがっている旨を伝え，やめさせるように指導します。

2 「言わない」ことも大切と伝える

あまりにも休み時間にこの話題で大騒ぎするようであれば，学級全体にも

指導します。その時は「好きな子だれ？」と聞かれて「○○君」「○○さん」と言うこと以外にも「秘密」という選択肢があることを教えます。「こういう場では言わない」と決めるのも高学年として大事な判断力なのです。

3　たいていは好きな子に聞くという話をする

　コミュニケーションの1つとして「好きな子だれ？」といつも聞かれてどうしても困っている場合は、教師の思い出話のように「好きな子だれ？って言う子の多くは、聞く子のことが好きなことが多いんだよね」「好きな子だれ？って聞かれて、違う人の名前が出たら、実はその子が一番ショックを受けるんだよ」「ためしに君のことが好きだよって言ってごらん。顔が赤くなるから」などと話すといいでしょう。

予防のポイント

　高学年の男女にとって「だれが好きか」はとても気になる話題です。秘密にしている子もいれば堂々と「○○が好き！」と言う子もいます。自分の意志で言うのはよいとしても、無理やり聞くことはよいことではありません。「秘密」「いない」と言って心にとどめておくことも高学年として大事なカッコよさなのだと伝えます。

5 好きな子をばらされたと勘違いされた

> 休み時間，ある子が悲しい顔をしていると，どうやら好きな子を友だちにばらされたということでした。
> 「好きな子をばらすよ」という言葉も飛び交っています。

これで解決！

- 悲しみをまずは受け止める
- 言葉は消えないことを教える
- いじめや恐喝と同じと伝える

1　悲しい子どもの気持ちを受け止める

　このような場合，あからさまに教師が出ていきなり個別や学級に指導をすると，むしろ好きな子をさらに周りへ広めてしまう危険性があります。まずはその子の話を聞いて「何か困ったことがあるの？」「先生にできることはない？」と問いかけることから始めます。「こういうことがあっていやだった」ということを知ってもらうだけで十分な時もありますし，「言った人に注意してほしい」という場合もあります。悲しんでいる子どもの気持ちを受け止めて対応しましょう。

2　言った人に対して直接指導する

　悲しんでいる子どもの気持ちに沿って対応します。言った子どもにはそれなりに理由があるかもしれません。「私もばらされた」「好きな子だれってしつこく言ってくる」などの報復として行う場合はよくあることです。それでも「あなただったら……」という立場に立たせたうえで「言葉は消えないんだよ」ということを伝えましょう。

3　相手を悲しませることは，いじめと同じ

　好きな子がだれかを共有することは，友だちグループの親密度を高める1つのコミュニケーションです。特に女子はグループ内の話題の1つとして盛り上がりやすいのです。ただし，これによってグループから離れることを防いだり，力関係の上下が生まれたりしてはいけません。相手がいやがっていることをしたり，恥ずかしいと思っていることをばらしたりするのはいじめと同じ。「好きな子を言うぞ」とおどすのは，恐喝と同じです。相手を悲しませて喜んでいる行為は許してはいけません。

予防のポイント

　言葉をだれかに言った後に「聞かなかったことにして」はできません。「忘れて」と言って忘れてくれるものでもありません。言葉は消せないのです。もしかすると，一生の恨みを買うかもしれません。軽々しく相手の秘密をばらすものではないし，それを遊びのようにしてもいけません。ちょっと気になるな，と思った時にあらかじめ話しておきます。

6 バレンタインデーを前に，落ち着かない

あと1週間もするとバレンタインデーです。女子も「渡す？」「どうする？」とひそひそ話をしています。男子も女子もなんだかそわそわしていて学校生活が落ち着きません。

これで解決！

- 教師に相談させる
- 見つからないようにこっそりと伝える
- 自慢するなよと話す

1 どうしても，というのなら

　バレンタインデーにチョコを持ってくることは原則いけないことでしょう。それをなんとかしてほしい，と思うのが高学年の女子です。学校の決まりを伝えて納得してくれるといいのですが，一方的に「ダメ！」というと，物分かりのよくない先生！というレッテルをはられてしまいます。そこで，「学校に持ってきてはいけないのは決まりだけど，どうしても何とかしてほしいというのなら相談においで。何とか考えてあげよう」こう伝えます。実際に相談に来る女子はいないでしょうが，この一言で落ち着きます。

2　知らないふりも大事

　「チョコレートを持ってきているのが分かると没収です。持ってくるのなら絶対に見つからないようにしてください」と知っているけれど知らないふりをしますよ，と暗に伝えます。「くれぐれも，広山先生以外には絶対に見つからないように」と言ってきます。これで他の子どもにチョコレートを持ってきていることを知られることを防げます。あくまでこっそりと行っているのでそわそわする感じはなくなります。

3　隠すことも大事

　もらった男子が「オレ，チョコもらった！」「3個もらった！」と言うことがあります。義理チョコの数を自慢するのです。あらかじめ「もらったとしても，○個もらった！などと自慢したり見せびらかしたりするようだと関係のないものを持ってきているわけですので没収です。もらった時もこっそりとありがとうともらってあげましょう」と言っておきます。本命チョコを渡そうとしている女子への配慮にもなります。

予防のポイント

　あらかじめ学校の決まりがあれば，「バレンタインデーが近いけれど，学校に関係ないものは持ってこない約束だからね」とみんなに言ってしまいましょう。それでも納得ができないのが高学年の女子たち。そんな時のために「こっそりと」です。

7 見た目を気にして給食を減らす

給食を毎回減らしてほしいと訴える女子がいます。体調やアレルギーなどがあるので給食について無理は言えませんが，太るのがいやだとかいっぱい食べているのを男子に見られたくないということがあるようです。

これで解決！

- 体重と身長は比例しないことを教える
- しっかり食べて，運動，そして寝ることが大切と伝える
- おやつを減らすことも話す

1　栄養は取るべき時にしっかり取っておく

　成長期は体重が増える時期と身長が伸びる時期と別々です。体重と身長は比例しません。それぞれの時期があってしっかりと成長していくのです。ですからきちんと栄養を取るべき時に取っておかないと身長と体重のバランスが崩れることを教えます。ダイエットと称して食べないのは長期的にマイナスなのです。

2　給食は栄養を考えて作ってある

　学校の給食は一回一回大切な栄養を考えて作ってあります。高学年ならすでに一人一人の体格に差が見られますが，その成長がどこまで続くかもまた

分かりません。今，体が大きくなり周りの目を気にしていても，もしかしたらその後大きくならない可能性もあるわけです。ですからしっかり給食を食べて栄養を取ること。その代わりしっかり運動してエネルギーを使うことを教えます。加えてぐっすり眠ることで疲れをとって，よい生活習慣を送ることが健康でバランスのよい身体になることを伝えます。

3　間食をしていたら無意味と伝える

　ダイエットを気にしながらもおやつを食べたりジュースを飲んだりする子どもは多いです。「給食を減らしているけど，お腹がすいておやつ食べたりしない？」と聞くとけっこう食べているものです。減らすべきは間食なのです。念のため，給食のデザートも栄養として考慮されていますので，しっかり食べた方がいいことを伝えます。

予防のポイント

　小学生のうちは規則正しい生活こそ大切です。テレビの影響からか高学年の女子は太っているとかやせているとか見た目を気にしがちです。放っておくと女子が男子に「このデザートあげようか」と言うこともあるので，あらかじめ給食の友だちのやりとりは禁止しておくとよいでしょう。ちなみに，女子が堂々とおかわりできている学級はいいクラスが多いようです。

Part8　高学年女子の指導場面—困った時の解決策と予防のポイント

1　仲良しグループができてしまう

> 学級の中に女子のグループがいくつもできてしまいます。
> 3〜4人程度です。休み時間も放課後も一緒にいます。
> 同じ友だちばかりではなく，もう少し，いろんな友だちとみんなで遊んだり関わったりするといいと思うのですが。

これで解決！

- グループはできて当たり前と考える
- グループのよいところを認める
- 授業中の意図的な関わりを増やす

1　成長の中でできていくもの

　この時期の女子のグループ化は，発達段階で生じるごく自然なものです。グループができること自体，悪いことではありません。そのまま見守っておけばよいのです。この少人数のグループが女子の心地よい居場所になるのです。むしろ，グループを作っていることについてあれこれ指図されることの方が教師との関係を悪くします。

2　よい面を見つける

　ただし，女子のグループ化は，方向性を間違えると他者を受け入れない閉鎖的な関係になってしまいます。そして悪いこともグループで平然とやって

しまいます。そうなる前に，グループでいることのよい面を見つけ，正しい方向に目を向けさせます。例えば，グループみんなで荷物を運んでもらったり，花の水やりをお願いしたりです。そして「ありがとう」と声をかけます。グループでいることのよい面を強調させていきます。

3　授業中にいろんな友だちと関わる活動を仕組む

放っておくと授業でさえも仲良しグループで活動したがります。授業は教師が中心となって，意図や偶然性のあるグループ構成によっていろんな子どもと関わる協働的な活動を多く行います。具体的には，話し合いの授業の際に意見を班で1つに決めてもらったり，学習のまとめを班で模造紙にまとめてもらったりする活動です。時には席替えを頻繁に行ってもよいでしょう。

予防のポイント

　高学年になって女子がグループを作るのは当たり前のことだと思っています。大事なのは，授業中にまでグループを持ち込ませないことです。あらかじめ高学年の女子は仲良しの友だちと一緒になりたがる時期であること，それもまた真の友人を作るために大事なことであることを伝えます。そのうえで「ただし，授業中にまでその仲良しグループを持ち込まないこと」と伝えておきます。「いろんな活動をするのに邪魔になるような人間関係は大した関係にはならない」と念を押しておきます。

2 交換日記を持ってくる

> 学校に交換日記を持ってきているようです。
> 3人のグループでこっそり休み時間に交換しているようです。
> ノートを見て，ひそひそにやにやしているのはいい気分ではありません。

これで解決！

- 学校に関係のないものの1つと指導する
- 「見せて」と言われて隠すのなら持ってこないように伝える
- 困ったことがあったら教えてもらう

1 交換日記は学校の学習には関係ない

　そもそも交換日記は学校の学習には関係ありません。持ってきている子どもがいたら，学級全員の前で「最近，交換日記を持ってきている人がいるようです。学校の学習には関係ないので持ってこないように」と伝えます。交換日記は最初こそ楽しく書いていますが，そのうち，だれが好きか，という秘密の共有になり，その後，だれが嫌いか，という学級の不満のはけ口になっていきます。交換日記を見かけたり，誰かから「○○さんたちが交換日記をしているよ」という情報が入ったりしたら，指導します。

　まずは，学校でのやりとりをやめさせます。ただし課外活動で違う学校の友だちとやりとりする場合もあるでしょう。学校外のことについてはよほど

トラブルがなければ認めてあげます。ただし多くの場合は，学校でこそこそやりとりすることが楽しいのであまり続けることはありません。

2 見られて困るのなら持ってこない

学校に持ってくるノートは，学習の様子を知るために提出させることがあります。同じように学校に持ってくるノートは自由帳であっても見られて困ることは書かないことを教えます。「先生が『見せて』と言って，見せられないようなことを書いているようなら持ってこないように」と伝えます。「なんで」と聞かれたら「ここは学校だから」「学校は勉強するところだから」と言ってしまえばいいのです。「こそこそし始めるのは，後ろめたさの表れですよ」と話します。

3 交換日記の問題点を伝えておく

交換日記は，女の子が小さなノートを通して居場所を作っている（作ろうとしている）のです。いい面もありますが，閉ざされた世界ですので悪い面が出てきやすいのです。「悪口を書き始めた」「やめようと思っているけど抜けられない」など「交換日記をしていて困ったらすぐに相談して」と話しておくとよいでしょう。こういう問題が起こりやすいということもあらかじめ伝えておいてもいいですね。

> **予防のポイント**
>
> 学校には関係のないものを持ってこないというきまりがあるはずです。そのきまりをきちんと伝えておくことです。子どもは，交換日記は学校に関係のないものということは知ってのことです。高学年なら交換日記はいずれどこかで始まるものとして，4月ごろに「日記は先生に出す学習に関係あるものだけど，交換日記は子ども同士なので学校には関係ありませんよ」と一言確認しておけばよいでしょう。

3 「にらんでくる」「笑われる」と訴えてくる

> ある一人の女の子から「○○さんたちがにらんできます」「何もしていないのに笑ってきます」という訴えがありました。
> 見ている限りでは，特にそのグループが彼女に対して何かをしている感じはしないのですが……。

これで解決！

- 具体的にどんな時に，どうされるのかを確認する
- 物理的な距離をとる
- いじめの定義を教える

1 「〜ような気がする」という意識の問題か確認する

　「にらんでくる」「笑われる」といっても，実際に相手がそうしているとは限りません。「にらんでくるような気がする」「笑ってくるような気がする」という受け止め方をしているのです。この子どもの言い分をそのまま相手のグループに伝えても「別にそんなことしてないよ」と言われてしまうことでしょう。

　まずは，具体的に，いつ，どんな時ににらんでくるのか，笑われるのかを確認しましょう。実際にいじめにつながるものなのか，本人の意識の問題なのかそれによって対応が変わります。

2　物理的な距離をあけさせる

　本人が過剰に周りを気にしている場合、どうしてほしいのか聞いてみます。相手のことが気になるということは私も相手の方を意識してみているということです。もしかしたらその仲間に入りたいのかもしれません。そうでなければ、物理的な距離をあけさせるといいでしょう。

3　学級全体に「いじめの定義」を伝える

　前の仲良しグループから離れた時や学級での立場が弱い子どもに対しての時など、明らかな力関係が見える場合はいじめにつながります。いじめの定義は「心理的、物理的な攻撃を受けたことにより、精神的な苦痛を感じているもの」（文部科学省平成18年度）となっています。「私たちはやっていない」ではなく、「相手がどう思っているか」が重要なのです。個別のグループに対して話をする前に、学級全体に「いじめの定義」をまず伝えましょう。それでも該当するグループに変化がなければ、直接話をしましょう。

予防のポイント

　直接的な関わりがなくても印象によって相手に与えるイメージがあります。普段からにこにこしていればいい印象を与えますし、普段からしかめっ面をしていたら近寄りがたい印象を与えます。『人は見た目が9割』（竹内一郎著、新潮新書）という本がありました。「見た目や第一印象は大事だよ」「心はそうじゃなくてもそんな雰囲気を出していたら損しちゃうよね」など言葉をかけておきます。

4 メール・LINEのトラブルが起こる

> 女の子同士がメールやLINEをしているようです。
> 「返事が来なかった」「読んでなかった」
> と言われ，友だち関係で困っているという相談を受けました。

これで解決！

- 自分がヒマな時は相手もヒマか？を考えさせる
- 使うことが悪いわけではないと伝える
- いつ，どこで，何を，何のために使うかを考えさせる

1 相手にも時間が流れていることを意識させる

　メールやLINEを行う時間は学校外でのことです。しかも家庭に帰って夜寝るまでや休日の時間にやりとりが行われる場合がほとんどです。子どものメールの内容はおしゃべりと同じで，重要な内容はほとんどないようです。暇つぶしのようなものです。そんなメールを送った子どもは，相手も自分と同じように携帯端末を持っていると考えてしまいがちです。「自分がメールを送っても，相手も同じような生活をしているとは限らないんだよ」と教えましょう。1つの家庭があれば，その家庭によって時間の流れ方は違います。「すぐに返信が返ってこないのは当たり前」と考え，相手の生活を思いやることを意識させます。

2 使い方が大事と考えさせる

これからの時代,全く携帯端末を使わないというのは無理な話。家庭によっては子どもの安全のために携帯端末を持たせるおうちの方もいます。使うことが悪いわけではありません。メールやLINEに時間を振り回されないことが大事です。

3 保護者と連携する

学校(教師)の対応が社会に追いついていないこともありますが,学級懇談や学級だよりを通して,家庭での使用のルールやネット依存によるマイナス面をしっかり伝えていきましょう。「スマホは渡していません」という家庭でも,携帯用ゲーム機を使って実はこっそりインターネットに接続していたということもあるのです。使う場合は,「いつ,どこで,何を,何のために使うのか」考えておく必要があります。

予防のポイント

高学年になるとスマホや携帯用ゲーム機などでインターネットを通して家庭でも他の子どもとやりとりをするようになり始めます。子どもにインターネットによるトラブルや犯罪に巻き込まれないような指導を行っておきます。情報教育については最近,文科省や各教育委員会からリーフレットも作成されています。そちらを参考にしてみましょう。

5 いろんな場所でたむろしている

> 朝,学校に来たら校門で友だちを待っています。しかも,しばらくそこでたむろしています。休み時間も,トイレの前で仲良しグループがたむろして話をしています。
> あまり印象がよくありません。

これで解決！

- 朝は教室へ直行するように指導する
- 他の人の迷惑になっていると気付かせる
- 周りにどう思われているか考えさせる

1 朝,友だちを待つのは人間関係のトラブルの恐れあり

　朝,友だちを待っている様子を見るのは,最初こそ「仲がいいんだな」と思って見てしまいます。しかし,そこにはトラブルの芽が潜んでいます。2人ならまだしも,3人以上となるとだんだん「待ってくれなかった」「いつも待たされる」など不満がたまってきます。こうした不満は朝から一日いやな気分でスタートすることになりかねません。友だちを待たずに直接教室に入り,学習の準備を行うことを伝えておきましょう。

2 通行の邪魔になっている

　トイレの前も子どもたちのたまり場になりやすいです。たむろしているグループの横を通ってトイレに行くことを遠慮する子どもも出始めます。学級全体に「トイレの前やろうかでたむろしていて、通る人の迷惑になっているようですと話がありました。気を付けましょうね」と伝えておきます。教室内や図書館など、他の迷惑にならない場所であれば、そっとさせておきましょう。

3 世の中の事例を示す

　大型店やコンビニの入り口付近でたむろしている中高生や大人を見かけます。見ていてあまり気分のいいものではありません。このような様子を見かけた子どもたちもいるはず。この時の雰囲気を子どもたちに思い出させます。子どもによっては、さほど違和感なく感じる子どももいることでしょう。そんな時こそ「通る人に迷惑になっているんだけど、気付かないんだね」「私はあまりいい感じがしないね」と教師のメッセージを伝えます。

予防のポイント

　もしも登校班があり、下学年と一緒に来る場合は、登校班で一緒に昇降口に入り、そのまま教室に入る、という指示を学校で共通確認しておきます。また、来校者が校舎内を歩くこともあります。トイレやろうかでのたむろは印象がよくないことを伝えておくことも大切です。高学年は学校の顔であることを意識させましょう。

6 こっそり特別教室に入っている

休み時間，女子に連絡をしようと探しても見当たりません。他の子どもたちに聞いても分からないとのこと。ふと特別教室をのぞくと女子3人が集まって話をしています。特に何をしているわけではありませんが，こっそり特別教室で話をしているようでした。特に理由がない場合は入らないようにきまりがあります。

これで解決！

- すぐに出るように指導する
- 使いたい理由があればちゃんと使わせることを伝える
- こそこそさせない

1　ルール違反だと指導する

そもそも入ってはいけないことを知っているはずです。ズバリ「学校のきまりとして用事がない時は入らないんですよ」と一言だけ言って追い出します。これだけでかまいません。女子なりの事情があるのでしょうが，それを聞いたからと言ってOKが出せるわけではありません。むしろ変に叱りつけたりすることによって女子の反感を買うことになりかねません。

2　理由がある場合は許可をとるように言う

音楽室や理科室など原則は授業でのみ使います。ただし高学年になれば委員会活動や学級のイベントなど秘密にしながら進めていきたい作業も出てき

ます。そんな時は「堂々と貸してあげます」と伝えておきます。正当な理由があればちゃんと使わせてあげるというメッセージを伝えておくことで，入っていい時といけない時をわきまえさせます。

3 こそこそさせない

　たいてい悪いことをする時はこそこそし始めます。特別教室に入っている女子も最初はそこで自分たちだけの世界を作って楽しみたかっただけかもしれません。でも，そのうちだれかの悪口を言い出したり，こっそりアメを食べたり漫画を持ってきたりとエスカレートしていきます。

予防のポイント

　こそこそしていいことといえばサプライズのプレゼントくらいでしょうか。ほとんどの場合，こそこそとしている時には悪いことが多くなります。「こそこそし始めたら，悪さをしようとする心が生まれ始めていますよ」と言っています。逆に「正々堂々」という言葉を高学年のキーワードにしています。ろうかを歩く時にも「堂々と歩くのと，こそこそと歩くのと，どっちがいい？」と聞いてみましょう。正々堂々としておくと高学年らしさがよりアップします。

7 意見を言わず静かにしている

　授業態度はとてもよく，意見は言わずに静かにしているだけです。勉強が分からないわけではなく，授業中，ノートもきちんととっています。いわゆるいい子なのでしょうが，とてもおとなしくてむしろ心配になります。

これで解決！

- 話すべき時に話せたら大丈夫と伝える
- ペア学習や銘文・銘詩の暗唱をさせる
- SOSが言えることも大切な力だと教える

1　書くことを通してしっかりコミュニケーションを図る

　積極的に意見を言って学力が高いということは理想ですが，みんながそうとはいきません。授業をしっかり受けてくれるだけで十分です。日直でのあいさつ当番や委員会活動など話すべき場所できちんと話ができていれば十分なのです。このような子どもは書くことで自分を表現することが得意な場合があります。そんな時は徹底的に書かせましょう。教師とは日記などでコミュニケーションがとれていれば十分です。

2　声を出す経験を増やす

　授業中の意見が小さかったり，日直当番などのあいさつが言えなかったり

するのは問題です。これまでの学校生活で話す経験をあまりしてこなかったことが原因にあります。普段の授業にペアで意見を言い合う活動やグループで話し合う活動を多く組みます。銘文・銘詩の暗唱を行い，教師のところに言いにこさせたり，みんなの前で発表させたりといった活動も有効です。

　緘黙など，もしかすると精神的な悩みを抱えている場合もありますので，そんな時は養護教諭やスクールカウンセラーなどとも相談してみることも大切です。

3　SOSが言えることが大事と伝える

　意見が言えずおとなしいのは性格にも左右されます。しかし学習で分からないことがあったりいじめられて困ったりした時に「教えて」「助けて」と言えないことの方が大変です。いざ身の危険があった時，非常事態に大声で叫ぶことも大切です。このような話をしながら大きな声を出す練習をしてもいいかもしれませんね。

予防のポイント

　おとなしい子どもも実は「言いたい」「話したい」と思っているものです。「今年頑張りたいこと」などを題に書かせると，「発表したい」「意見を言えるようになりたい」と書く子どもは多いです。そうした気持ちを実際の行動に移せるように後押しをしましょう。「変わるのは今だよ」「気持ちじゃなく行動で示さなくちゃ」「6年生の今しかチャンスはないよ」などとしつこく語っていきます。

8 陰で悪口を言っている

ある女の子のことを「あいつ太ってるよね」「不細工だよね」などと他の女の子で言いふらしているようです。
同意を求められて困っていた子が教えてくれました。

これで解決！

- きちんと指導して安心させる
- 「いじめ」なのだときっぱり叱る
- これから君が守ってあげてほしい

1　君がしていることは「いじめ」の一種だとズバリ言う

悪口を言うことによって仲間を増やそうとしています。直接相手に言っていなくても，相手が傷ついているのなら「いじめ」なのです。ズバリ「君がしていることはいじめだ」と言ってあげます。まずは言われている被害者の女の子から話を聞きます。

2　直接謝らせる

指導後は直接謝る場を設けます。被害者に確認したうえで加害者が直接謝る場をセッティングしてあげましょう。陰口は直接的な行為ではありません。

しかし，面と向かってはっきりと相手から謝罪を受けることによって一応の決着を図るのです。そして指導後は，「指導しておいたけれど，困ったことがあったら言いにおいで」と伝えます。

3　いじめていた子どもを味方にする

「君が悪口を言っていることは学校の先生たちが知っている」と伝えた後で今後のことについて話します。「彼女はもしかしたら，また君がしたことと同じように悪口を言われるかもしれない。その時に，彼女の味方になってほしいんだよね。悪口を言われていたら助けてあげる側に立ってほしいんだ。別に止めなくてもいい。こんなことを言われていたと先生に言うだけでいいんだよ」加害者だった子どもの今後の生き方に道筋をつけてあげたい。

予防のポイント

　言葉は古来，言霊と呼ばれ魂が宿ると言われてきました。言葉に出したことが現実になると考えられていたとも言えます。それだけ発する言葉に重みがあったのです。言葉というのは「忘れて」と言っても後で消せるものではありません。一つ一つの言葉遣いに気を付けていくことが大切です。まずは授業中における言葉を正していくことによって休み時間などの嫌な言葉が目立ち，気付きやすくなってきます。

9　一人がグループから外れる

> かつては仲良しグループに所属していたA子さん。気が付くと一人ぼっちで休み時間に教室や図書室にいることが増えていました。前の仲良しグループからは外れてしまったようです。

これで解決！

- さりげなく声をかける
- 聞くことに徹する
- いくつかの方法を示す

1　近くにいて見守ってあげる

　さりげなく「どうした？　最近元気がないね」と声をかけます。相談してくれるようなら親身になって話を聞きます。ただし「別に……」とそっけなく応対されることも。そんな時でも「何か困ったことがあったら言ってね」と言葉を添えます。日記でも手紙でも何らかの方法を伝えておきましょう。すぐに相談することもできないのがこの時期の女子。それとなく教室や図書室など同じ空間にいるだけで安心するはずです。

2　いじめにつながるかどうかを確認する

　もしも相談があれば，A子さんの話を聞くに徹します。明確な答えがほし

いといっしょよりも，話すことで安心するのです。女子の中のトラブルがあれば，解決するのは子どもです。いじめにつながるものでなければ，Ａ子さんの言うことを繰り返したり，うなずいたりすることで共感してあげます。

3 最終的に子どもが解決する

相談を受けた時に，「どうしたらいい？」とアドバイスを求められたら，複数の選択肢を伝えます。「直接グループのみんなに私から代わりに君の気持ちを伝える方法と自分で手紙を書いてみる方法の２つを考えてみたんだけど，どうかな？」「休みの日にＢ子さんを誘ってみるとか，学活でみんなで話し合うってのはどう？」などと伝えます。この方法がいいよと１つの方法を押し付けたりしません。失敗すれば教師のせいになります。あくまで決めるのは子どもです。人間関係は，自分で決めて自分で解決していくことを後押しするのです。

予防のポイント

意図的に学級全員の個人面談の時間を設けます。一人ぼっちだからといって一人だけ教師に呼び出されることは好みません。こういう場面のためにあらかじめ全員わずかな時間でも教師と一対一で話をする時間を学期に一回程度設けておきます。本当はＡ子さんと話がしたいけれど，表面的には全員と個人面談をすることで話をする場をつくります。

10 いじめられて学校へ行きたくないと言い出す

> 保護者から朝，連絡が入りました。
> 子どもが「学校へ行きたくない」と言っているようです。
> 理由を聞いてみると，以前から，ある女の子グループにいやなことを言われたり避けられたりしているようです。

これで解決！

- すぐに何か手をうつ
- これは「いじめ」だ！ときっぱり叱る
- 相手の親はかわいそうなんて思っていない。怒っているのだ！と分からせる

1 素早さが保護者の信頼を呼ぶ

　女の子が学校へ行きたくないとおうちの人に訴えているということは，明らかに「いじめ」になります。具体的に話を聞きます。特に「いつから」「どこで」「だれが」「どんなことを」聞きます。そして「大丈夫。すぐにその人たちに話をするからね」と伝えます。被害者となる子どもや保護者にとっては，解決するかしないかよりも，いじめに対して，すぐに教師が指導をしてくれたかどうかによって，その後の信頼の度合いが変わります。決して様子を見ようと思わないことです。どんな指導をするかは二の次です。そして，本人には，教師が指導することによっていじめが解決する確率がかなり高いことを話し，安心させます。

2 これは「いじめ」なのだ！と伝える

　該当する相手が分かれば，すぐに話を聞きます。ここで一人ずつ聞きます。複数のグループであっても，一人ずつにします。場合によっては生徒指導主任や学年主任を加えて複数で対応する必要もあります。加害者の子どもは「そんなつもりはなかった」「だって○○さんも」などと言い訳を言ってくることでしょう。それらの意見は受け止めたうえで，「それでも，これは『いじめ』なのだ。全国で2万件あるといわれている1つなのだ」と伝えます。決して許されないこと。そして，この事実は先生だけでなく校長先生も相手の親も知っているのだということをきちんと説明します。怒鳴る必要はありません。

3 相手の親はどう思っているのかを考えさせる

　「いじめられた子の親は，どんな気持ちでいるだろうか」と，いじめをした加害者に問います。「かわいそう」「悲しい」と言うでしょう。しかし，いじめられた親はそんなことこれっぽっちも思っていません。「怒っている」「いかっている」のです。「なぜうちの子がいじめられないといけないのだ」「なぜそんなことをするのだ」と。その後，本人に謝罪させます。事態の状況によっては，加害者の親に事情を伝える必要があります。

予防のポイント

　加害者の子どもたちには「今回の件は，学校の先生みんなが知っています。これから君たちがどんな行動をとるか注目しているからね」と釘を刺しておきます。
　また，いじめの被害者にあいやすい子どもがいます。今回の指導が終わっても違うだれかからいじめられる可能性があります。そこで，加害者の子どもに指導の後，次のように言います。「この後は，もしも○○さんがいじめられていたら，それを止める側になってほしいんだよね」「止められなくても，○○さんの側に立ってほしいんだよね」と伝えます。

コラム2 高学年の心をつかむ指導とその考え方

いざ，指導する時。
自分の心に問いかけます。
「これでいいのか？」「これでいいのだ」と。
「これはきちんと指導しなくちゃ」そんな信念があれば大丈夫。
どうしようかと悩むような指導ならやめましょう。
どんな指導であっても
「この指導は心に届いたのだろうか」
「正義を盾にしただけじゃないだろうか」
そう悩みつつ，子どものよりよい行為・行動を願うのです。

指導は「言い方」の問題ではありません。
子どもがこの後，どうなってほしいのか，それが大切です。
教師自身が情熱をもって語りかけることができるかどうかにかかっています。

願わくは，子ども自身の口からこれからどうすればいいかを語れるように。